projeto
novos
escritores

projeto
novos
escritores

mais alma

DIVERSOS AUTORES

ENSAIOS

CONTOS

ide

FICHA

Pontes, Camila

P85e Ensaios / Camila Pontes [et al.]

Araras, SP, IDE, 1ª edição, 2017.

232 p. / ISBN 978-85-7341-709-8

1. Contos 2. Espiritismo I. Título.

CDD - 869

- 133.9

Índices para catálogo sistemático

1. Contos: Literatura brasileira 869
2. Espiritismo 133.9

Coordenação: Jairo Lorenzeti

Revisão de texto: Mariana Frungilo Paraluppi

Capa e Diagramação: César França de Oliveira

INSTITUTO DE DIFUSÃO ESPÍRITA - IDE

Av. Otto Barreto, 1067 - Cx. Postal 110
CEP 13600-970 - Araras/SP - Brasil
Tel. 19 3543.2400
CNPJ 44.220.101/0001-43
Inscrição Estadual 182.010.405.118
ideeditora.com.br | editorial@ideeditora.com.br

mais alma
ide

Com o propósito de dialogar com o público jovem, surge uma nova parceria editorial: IDE e MAIS ALMA(+a). Uma parceria que tem, por princípio, o surgimento de jovens autores, que tragam uma linguagem mais dinâmica e contemporânea e que demonstrem, dessa forma, os valores apresentados pelo Espiritismo, principalmente a importância pela busca da Espiritualidade, na existência humana, proporcionando, assim, o incentivo, o gosto e o prazer pela leitura.

Projeto

PROJETO NOVOS ESCRITORES

Com estas bases, foi lançado, em 2016, o *Projeto para Novos Escritores – Concurso Literário*. Jovens de várias partes do Brasil foram convidados e encaminharam seus contos inéditos para análise e seleção. Recebemos imenso apoio de todos, ao qual aproveitamos para agradecer, e o resultado deste projeto foi este livro, que não poderia levar outro nome, a não ser: *"Ensaios"*, pois são contos menos formais, breves, expondo ideias, críticas e reflexões. Assim, a equipe do concurso selecionou treze contos, que vão do drama ao suspense, passando pelo romance e ironia, do cotidiano sofrido ao humor de quem ama a vida.

Desejamos que você goste muito deste livro e, quem sabe, possa escrever um conto inédito, deixando aflorar todo seu talento criativo e, assim, participar do próximo *Projeto para Novos Escritores.*

Muita paz.

Contatos: editorial@ideeditora.com.br

DEDICO

Contos

MAIS DO QUE A CHUVA | Camila Pontes | 13

UM ASSASSINO EM MINHA VIDA | Lara Maurita | 31

A VIDA É UMA ESCOLA | Beatriz Andrade | 51

CAMINHO CERTO | Gustavo Jacobassi | 77

PILOTO | Ian Costa Flores | 109

BICHO VIRTUAL | Gabriel Paz | 123

REPRISE | Geraldo J. Costa Jr. | 139

VIDA BANDIDA | O. C. França | 159

ESTANDARTE | Bell Karim | 173

EU QUERIA MUITO ACREDITAR | Neto Aurum | 189

EUTIMIA | Wesley Cerqueira | 199

AMERICAN DREAM | Piper Summers | 215

BOTÃO DE FLOR | Ariel de Barros Batista | 227

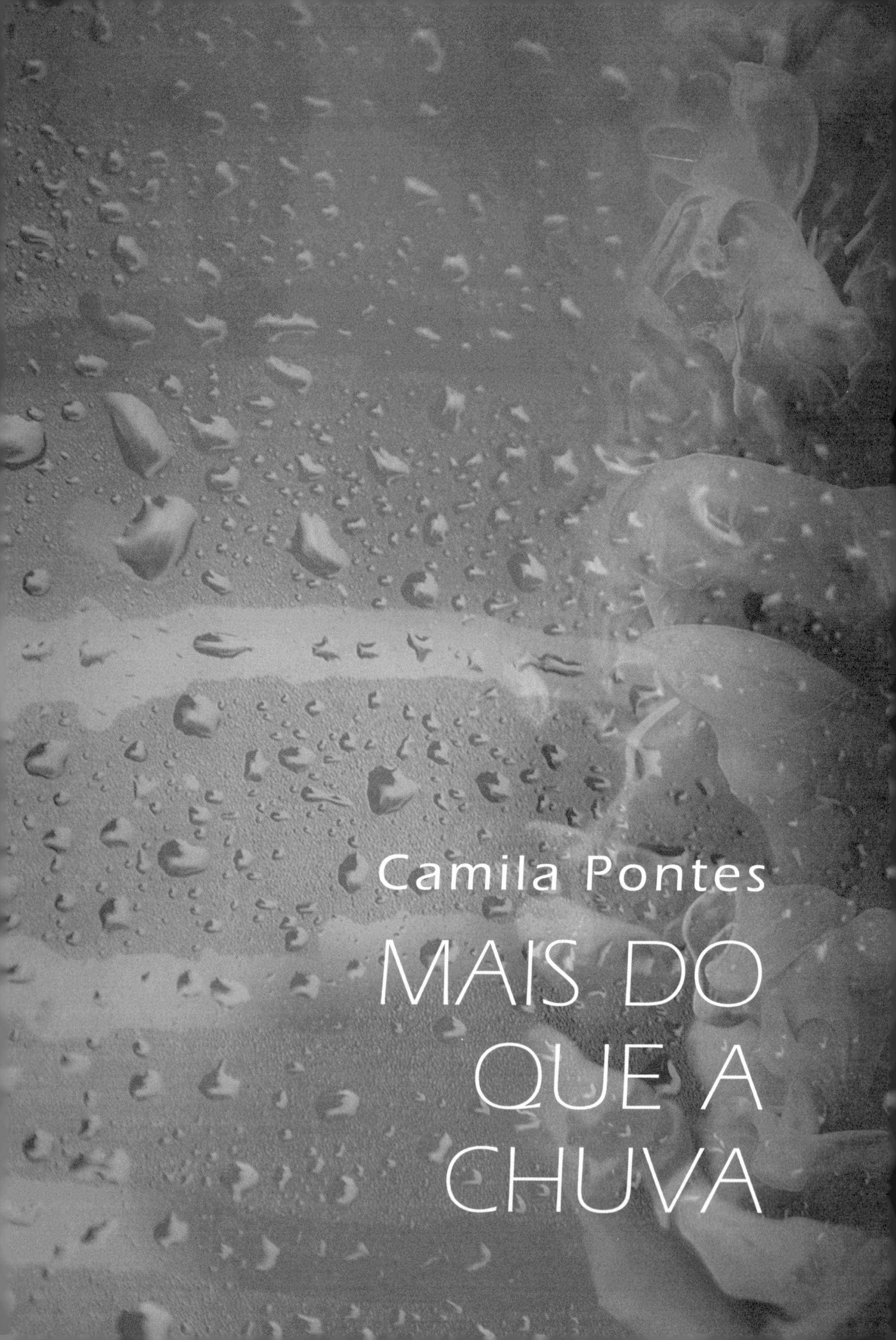

Camila Pontes

MAIS DO QUE A CHUVA

Só os nossos gritos...

Sim... Só os nossos gritos eram mais altos do que o barulho da chuva que caía lá fora.

Já estávamos na metade de janeiro. O verão mais *sem cor* que já vi. Choveu todos os dias, o dia todo. Da janela do meu quarto, eu só conseguia ver aquela massa cinzenta que insistia em permanecer, entrecortada pelas luzes da cidade lá embaixo. Eu moro no décimo nono andar de um prédio velho, cercado por outros edifícios ainda mais antigos, no centro da cidade. Os carros passam lá embaixo, buzinando, enfileirados como que num transe eterno. Daqui, não consigo ver as pessoas, que, com certeza, estão se acotovelando sob guarda-chuvas pretos, sem olhar sequer umas para as outras.

Eu já estou presa neste apartamento há três dias. Não consigo sair nem para ir à padaria. Estou irritada, cansada de não fazer nada e com uma tremenda vontade de *argh*!... Estrangular alguém!

Estou de férias da escola, moro longe dos meus amigos, não tenho irmãos (seria muito bom poder descarregar minhas energias neles. Como sou maléfica...), não vejo meu pai há duas semanas e tenho que ficar sozinha o dia inteiro, esperando minha mãe voltar do trabalho. Pelo menos, tenho o apartamento só para mim durante todo o dia.

Depois que meu pai começou a namorar aquela "pessoa adorável", ficou cada vez mais difícil ele vir me buscar para fazer alguma coisa. Antes, íamos ao cinema, ao parque, e até ao ginásio para assistir aos jogos de vôlei, embora sempre discordássemos sobre assistir ao time feminino ou masculino. Ele é um cara legal, mas, hoje, eu brigaria com ele também.

Depois de gastar quase que o dia todo no *Facebook*, fiquei a ponto de jogar meu *notebook* na parede. TODOS os meus amigos estão viajando e curtindo as férias de montão. Uns estão na praia, outros, em outras praias, e alguns, metidos, foram para o nordeste (nas praias). E eu... chuva... chuva... chuva...

Lancei-me no sofá e lá fiquei, olhando a tevê, que não me interessava em nada. Meu celular quase não vibrou naquele dia... Quase nenhuma mensagem interessante no *WhatsApp*. Mesmo já sendo tarde, como eu não tinha feito nada de bom, estava de pijama no sofá, comendo chocolate, tevê ligada e chuva lá fora... Dormi. Isso foi o bastante...

— Camila... Camila... — senti um cutucão nas costelas.

— Ah... oi... — respondi com o humor de um dragão.

Minha mãe me olhou com uma expressão de desaforo e passou por mim, indo até a cozinha. Nosso apartamento é pequeno, dois quartos, um banheiro, uma sala, e a cozinha (que mais parece um corredor). Minha mãe estava com seu uniforme de trabalho. Ela é caixa de um supermercado e sempre chega em casa reclamando que está cansada: de mim, do trânsito, de mim, de algum engraçadinho no ônibus ou no metrô e, pra variar, de mim de novo. Principalmente quando eu...

— Camilaaaaaaaa!!!

"*Vish*. Lá vem!"

— Eu não acredito! — gritou ela, voltando para a sala apressadamente, balançando os braços duros enquanto caminhava rapidamente. — Você não fez nada na casa! Passou o dia todo fazendo o quê?

Tentei responder, mas, antes que eu pudesse, ela foi até a mesa de centro da sala e pegou as embalagens de chocolate, iogurte, um prato sujo, uma xícara na qual eu tinha bebido chocolate-quente e um saco de salgadinho de milho pela metade.

— Para isso você serve, né?! — gritou, apontando aquele dedo comprido bem na minha direção. — Só come e dorme, menina!

— Eu ia fazer, mas... — ela me olhou com determinação, enquanto eu tremia para dizer — eu... é... dormi.

— Não me diga! — tinha mais sarcasmo na voz dela do que quando o Curinga prega peças no Batman. — Quer saber? Já que você é uma criança... nem parece que já tem dezesseis anos... Vai ficar de castigo, sem celular, nem computador. — E, com a autoridade de um *führer*, ordenou: — Já para o seu quarto!

Marchei para o meu quarto com tanta raiva, que não consegui conter minhas lágrimas, e isso me deixava com mais raiva ainda. "Por que eu tenho que chorar? Ela não sabe o que passei aqui o dia todo! Sozinha! Abandonada! Ela vai ver! Não vou falar com ela nunca mais!".

A noite tinha chegado antes da minha mãe e, agora, não que me valesse alguma coisa, tinha parado de chover. Fique sozinha no escuro do meu quarto, olhando pela janela. Senti-me uma detenta, isolada na minha cela, sem comunicação com o mundo, sem tevê, sem *Youtube*, sem nada... Agora dava para ouvir o som dos carros lá longe. O trânsito ainda estava intenso. Certeza de que algum lugar por perto estava alagado. Isso sempre acontece por aqui.

Outra coisa que sempre acontece é: depois que eu e minha mãe brigamos, ela vai para a cozinha fazer tudo o que acha que eu deveria ter feito e, para isso, decide que precisa abrir todas as portas de todos os armários e fechá-las com força. Faz um barulhão arrastando as coisas pela casa e reclamando enquanto respira. Uns quarenta minutos depois, percebi que ela tinha terminado e estava no telefone com alguém. Eu não me importo com quem ela fala. "Ela não se importa comigo!". "Deixou-me de castigo? Ué... Já estou de castigo há três dias!".

Eu não sei quanto tempo se passou. Talvez uma ou duas horas. Não tenho relógio no meu quarto. Uso o celular, que a essa altura minha mãe já deve ter guardado numa gaveta de seu quarto. Eu já tinha tentado ler, escrever qualquer coisa num dos cadernos usados no ano passado. A raiva já tinha se acalmado um pouco, mas, como eu sou orgulhosa, não tinha ido até a sala para ver o que ela estava fazendo. Dava para ouvir o som da tevê e ver o brilho que passava por debaixo da porta.

Assim que percebi que ela desligou, deitei de bruços na cama e fingi que estava dormindo. A luz entrou pelo vão da porta assim que minha mãe a abriu para me ver. Chamou-me baixinho: — Camila... — Mesmo com o aperto que senti no coração, não respondi, e continuei com a minha encenação de dorminhoca. A porta se fechou.

E não foi que o meu fingimento funcionou? Eu dormi mesmo! A noite toda! Acordei na manhã seguinte com a cara colada no travesseiro. A luz entrava pela janela. Na pressa em enganar minha mãe, deixei a persiana aberta. Nem vou citar (já citando) o fato de que a chuva havia retornado, forte e robusta, porque é um desperdício de frase.

No criado-mudo ao lado da minha cama, estavam o meu *notebook* e o celular. Minha mãe, certamente, deixara-os ali antes de ir trabalhar. Esfreguei o rosto, tentando acordar. Peguei o celular em busca de mensagens, ligações, qualquer coisa... Eu tenho um grupo de *WhatsApp* com minhas amigas, e, claro, elas já o tinham enchido com centenas de mensagens, fotos e áudios. A Juliana postando fotos do restaurante em que tinha ido com o namorado. Estavam em Porto Seguro – Bahia, com sua família. A Flavinha estava na casa de sua avó. Sabe aquelas avós gordinhas, de cabelo branco, que fazem bolos, tortas e doces? Tipo a da farinha *Dona Benta*? Era a vó dela.

Com a cara mais sem graça do mundo, respondi:

"rsrsrsrs", "linda", "que delícia!", "sdds", e joguei o celular na cama pra nunca mais pegá-lo.

Depois de ir ao banheiro, sentei-me no sofá e liguei a televisão. Fora uma mulher falando com um papagaio, uma velhinha fazendo receitas, uns pregadores pedindo dinheiro na televisão, não tinha muita coisa... Até mesmo porque, é só isso o que tem na tevê pela manhã. Insisti até encontrar um canal de desenhos. Eu sei... Não sou mais criança... Mas adoro desenhos. Fiquei ali com eles e o meu pacote de biscoitos pela manhã toda.

Mais tarde, quando a fome bateu novamente, fui até a geladeira e montei meu prato. Eu detesto comida esquentada no micro-ondas. Fica quente demais por cima, fria no meio e parece que tudo fica mais seco. Mas é o que temos para hoje. Fazer o quê?

Depois de assistir *"A Lagoa Azul"*... Acho que é a oitava vez que assisto a esse filme na *Sessão da Tarde*... O anúncio do plantão de notícias surgiu com aquela musiquinha que eu não vou descrever aqui, pois seria um mico gigante. Eu não dei atenção. *Meu*, eu moro em São Paulo. Eu vejo isso toda hora. Principalmente, em dias chuvosos como este. Ou é alagamento, ou é acidente de trânsito, ou é um maluco explodindo caixa eletrônico, ou alguma notícia da Faixa de Gaza, Israel, Estado Islâmico... Essas coisas.

E dessa vez não era diferente. Depois de tocar o *jingle* de abertura, um repórter de terno cinza se virou para a câmera e começou a falar: "Assalto a supermercado resulta em mortes e reféns, na Zona Sul da cidade." Meu coração gelou. A cena mudou para o *link* ao vivo, onde mostrava a frente do Supermercado onde minha mãe trabalha. A legenda abaixo da imagem dizia: "2 mortos, 5 feridos e reféns". Imediatamente, eu pus a mão na correntinha em meu pescoço. Presente que minha mãe me deu quando completei quinze anos, e que ela ganhou de minha avó quando fez quinze anos. Minha boca ficou seca e senti minha respiração falhar enquanto ouvia o relato do repórter: "Tentativa de assalto à loja de uma das maiores redes de Supermercados resultou em duas mortes, alguns feridos. Cinco homens encapuzados trocaram tiros com os seguranças da loja, que foram abatidos. Os bandidos estão mantendo como reféns os clientes e funcionários. Temos a informação de que uma mulher foi ferida com um dos tiros. A polícia cercou o estacionamento, e uma equipe tenta negociar a libertação dos reféns...".

Eu não consegui prestar atenção em mais nada. Corri até o meu quarto, peguei meu celular e liguei para minha mãe — "O número que está chamando não pode receber ligações neste momento...". Tentei uma, duas, três vezes. Sempre a mesma mensagem.

"Minha mãe, meu Deus! Minha mãe..."

Tentei ligar para o meu pai. Tocou, tocou, tocou, e ele não atendeu. Deixei uma mensagem em seu "*Whats*". Ele não respondeu. Liguei para a polícia, segurando o choro com todas as minhas forças. O policial me respondeu que não tinha novas informações e me instruiu a ficar em casa e esperar por notícias. Eu não obedeço nem a minha mãe, vou obedecer a um policial? Deveria. Mas não o fiz.

Troquei de roupa o mais rápido que pude. Não me olhei no espelho. Não penteei os cabelos. Eu só queria ver a minha mãe. "Por que isso está acontecendo, meu Deus?".

Corri para fora do apartamento, esbarrei num vaso de planta no corredor e quase o derrubei. Imagine minha raiva quando li a placa presa ao elevador: "Em manutenção". A palavra que eu disse não deve ser escrita aqui. Desci correndo as escadas... Lembra?!... São dezenove andares. Esbarrei por pessoas que não pude discernir quem eram por causa das lágrimas que, teimosamente, escorriam por meus olhos. Quando, finalmente, saí para o *hall* de entrada do prédio, percebi que me esqueci do guarda-chuva. Não ia subir lá de novo. Saí correndo até encontrar um táxi, um ônibus, qualquer coisa que me levasse até o trabalho da minha mãe. Por sorte, passava por mim o ônibus que me levaria até o meio do caminho, perto de uma estação do metrô, por onde seguiria até a Zona Sul.

A essa hora, eu já estava quase toda molhada. Corri

até o ponto de ônibus a tempo. Subi no coletivo lotado. Passei espremida pelas pessoas agarradas aos apoios e aos bancos. Sempre tem um "sem noção" com a mochila nas costas. Empurrei-o e passei sem olhar para trás, mesmo sob os protestos de alguns. Estou assustada demais para ser a garota mais educada do mundo. Agarrei-me ao apoio com força e, a cada balanço do ônibus, eu pensava: "Vamos! Rápido!" Era como se eu pudesse fazer alguma coisa. Eu só queria chegar ao lugar onde minha mãe estava correndo perigo. Será que ela tinha se ferido? Será que estava bem? Será que estava viva? À medida que eu tentava afastar esses pensamentos, ficava mais ansiosa.

Eu estava sozinha, tentando chegar a um lugar onde ficaria sozinha. "Cadê meu pai?". "Cadê alguém?". O ônibus demorou mais que o normal para alcançar o meio do caminho: a estação do metrô que eu precisava para chegar até o supermercado. Desci do coletivo com dificuldade. Muitos tentavam sair ao mesmo tempo. Outros se espremiam para tentar ficar. Estava uma loucura!

Foi inevitável, no meio do caminho, ficar quase que em estado de choque, pensando em tudo o que tinha acontecido na noite anterior. Todas aquelas cenas se repetiam em minha mente. — Como eu fui burra! — disse a mim mesma, tantas vezes quantas pude pensar.

Eu olhava de minuto a minuto na tela do meu celular, esperando uma ligação, uma mensagem, uma esperança que me dissesse que tudo ficaria bem. Enquanto descia as escadas para o metrô, meu coração quase saía pela boca.

Ainda bem que era só o meio da tarde. Havia muitas pessoas no metrô, mas longe de estar lotado. Como eu usava um bilhete único, não precisei comprar.

Olhava para as pessoas e sempre via nas mulheres, que conversavam e sorriam, o meu conflito. "Por que não sou uma filha melhor?", "Por que não ajudo mais a minha mãe?". Meus pensamentos foram interrompidos quando me deparei com uma tevê no saguão de espera do trem. Eles tinham mais notícias do assalto ao Supermercado. Mas, quando consegui vencer os curiosos para tentar ouvir a notícia, a tela mudou e entrou nos comerciais novamente. Desesperadamente, perguntei às pessoas o que tinham informado. Uns apenas me olharam com curiosidade. Um homem velho prestou atenção em mim. Perguntei novamente, e ele me disse que pouca coisa havia mudado, mas que a polícia tinha avançado na negociação com os bandidos e conseguido a liberação dos feridos para que fossem atendidos pelo SAMU e levados ao hospital mais próximo.

— Mas por que você está tão aflita, menina? — inquiriu-me o velho homem com um bigode marcante.

Meus olhos, novamente, inundados pelas lágrimas, minhas mãos trêmulas puxaram meus cabelos encaracolados pela raiz — Minha mãe... está lá...

O olhar surpreso do velho logo se tornou em um sorriso esperançoso.

— Não se preocupe, menina. Tudo vai ficar bem!

Eu só o encarei, boquiaberta.

O trem chegou, e, enquanto eu corria em sua direção, ouvi o velho gritar: — Vá até ela, mocinha! Estarei orando por vocês!

Entrei no trem. As portas se fecharam atrás de mim. Não olhei para trás. Nunca mais vi aquele velhinho.

As ferrovias cortam a cidade por baixo, ignorando tudo o que acontece na superfície. Lá, minha imaginação zombava da minha lucidez violentamente: "E se a minha mãe estiver ferida?", "E se ela morrer?", "Eu me sinto tão culpada por não ser uma boa filha!..."

Em questão de minutos, uma voz anunciou a estação em que eu deveria descer, pela porta da direita. Não tomei conhecimento de quem tentava entrar, nem das pessoas que eu, apressadamente, deixei para trás enquanto saltava os degraus da escada rolante. Ignorando todas as regras de boa conduta, corri como uma louca para fora da estação, que saía na avenida do trabalho da minha mãe.

A chuva estava mais forte, e, sem guarda-chuva, avancei quarteirão após quarteirão. Eu já estava completamente encharcada quando avistei, a uns cem metros à frente, as luzes das viaturas que circundavam todo o estacionamento do Supermercado. Completamente sitiado por policiais, ficou quase impossível avançar transpondo a multidão de curiosos e as faixas amarelas penduradas. Aproximei-me o máximo que consegui e, aproveitando-me do meu tamanho, passei por baixo dos cavaletes, até ser abordada por um policial.

— Opa! Opa! Mocinha!

Congelei na espinha. Voltei meu corpo na direção do policial, que corria em minha direção. Completamente amedrontada, levantei minhas mãos e gritei: — Minha mãe está lá dentro! Por favor! Ajude-me a saber se ela está bem! — Não tive como me conter e, mais uma vez, chorei tanto, mas tanto, mas tanto, que já não enxergava nada à minha frente. A chuva e as lágrimas escorriam pelo meu rosto sem que eu pudesse distinguir o que era o quê.

Senti a mão do policial a tocar meu ombro e conduzir-me gentilmente a um canto abrigado da chuva por uma árvore.

— Fique calma. Estamos trabalhando para liberar as pessoas que estão lá dentro. Não se preocupe!

Eu não tive o que fazer. Apenas esperei. Esperei. Esperei.

No final das contas, só sei que os bandidos se entregaram, liberaram os reféns, chegaram ambulâncias, mas, mesmo assim, eu não podia me aproximar. A polícia ainda estava colhendo depoimentos de todas as pessoas. Tudo aquilo levou horas para acabar.

O policial que me amparou aproximou-se de mim e me levou até uma das saídas onde os funcionários passariam. Esperei mais alguns minutos. Assim que percebi os vultos se aproximando da porta de vidro, meu coração se acelerou, minhas mãos suavam e minha respiração estava descontrolada. Vi as pessoas começarem a sair, uma a uma. Vi muitas delas se reencontrarem com seus amigos, familiares, que esperavam ansiosos como eu. Dezenas de pessoas depois, a porta se fechou. Nada de a minha mãe aparecer.

Corri até o policial, ele já sabia quem eu era e, com certeza, o que eu queria. Lá, com ele, fui informada de que minha mãe fora conduzida ao hospital mais próximo, e que eles não tinham informação sobre o seu estado. Nem preciso dizer o quanto eu chorei.

O policial se prontificou a me ajudar a chegar ao Hospital. Mas ele não podia abandonar o seu posto, então, pediu a um funcionário do Supermercado que me levasse até lá. Fui chorando o caminho todo. Agora, eu tinha certeza de que algo ruim tinha acontecido com a minha mãe. Sabe quando algo dentro de nós nos diz que tudo está mal? Então... Era exatamente assim que eu me sentia.

Eu queria tanto chegar logo, e, ao mesmo tempo, tinha muito medo.

Chegamos ao Hospital em poucos minutos. A chuva não dava trégua, e tive que correr todo o estacionamento debaixo d'água.

Entrei rapidamente na recepção do Pronto Atendimento, com o "coração na mão". Driblei as pessoas em meu caminho até chegar na recepcionista.

— Por favor... — clamava por atenção e notícias de que minha mãe estivesse bem — Por favor, minha mãe foi trazida para cá...

— Qual é o nome dela? — perguntou a atendente.

— Regina... Regina Pontes. Ela estava no assalto do...

— Aguarde um minuto, por favor.

Ela saiu da minha frente e entrou por uma porta. Eu fiquei completamente desesperada.

"O que tinha acontecido?"

"Será que ela foi avisar o médico que recebeu o corpo de minha mãe?"

"Isso não pode estar acontecendo comigo...".

Eu estava a ponto de ter uma crise nervosa quando uma mão tocou no meu ombro. Eu só me lembro de ter pensado: "Não!!! Ela morreu mesmo!!!" – quando me voltei, vi seus olhos castanhos olhando para mim.

— Camila...

Meu coração quase explodiu. Eu não pude dizer nada. Só a abracei o mais forte que pude. Ela estava bem! "Obrigada, meu Deus! Ela está viva!" Eu chorava tanto que encharquei as roupas de minha mãe. Ainda não podia acreditar.

Afastei-me por um momento, vi sua mão esquerda enfaixada. Olhei todo o seu corpo. Ela estava bem! E, agora, eu também. Não perdi tempo e a abracei novamente.

E, mergulhada em seus braços, com a cabeça colada em seu peito, percebi que só o seu coração... Sim... Só o seu coração batia mais forte do que a chuva que caía lá fora.

Te amo, mãe!

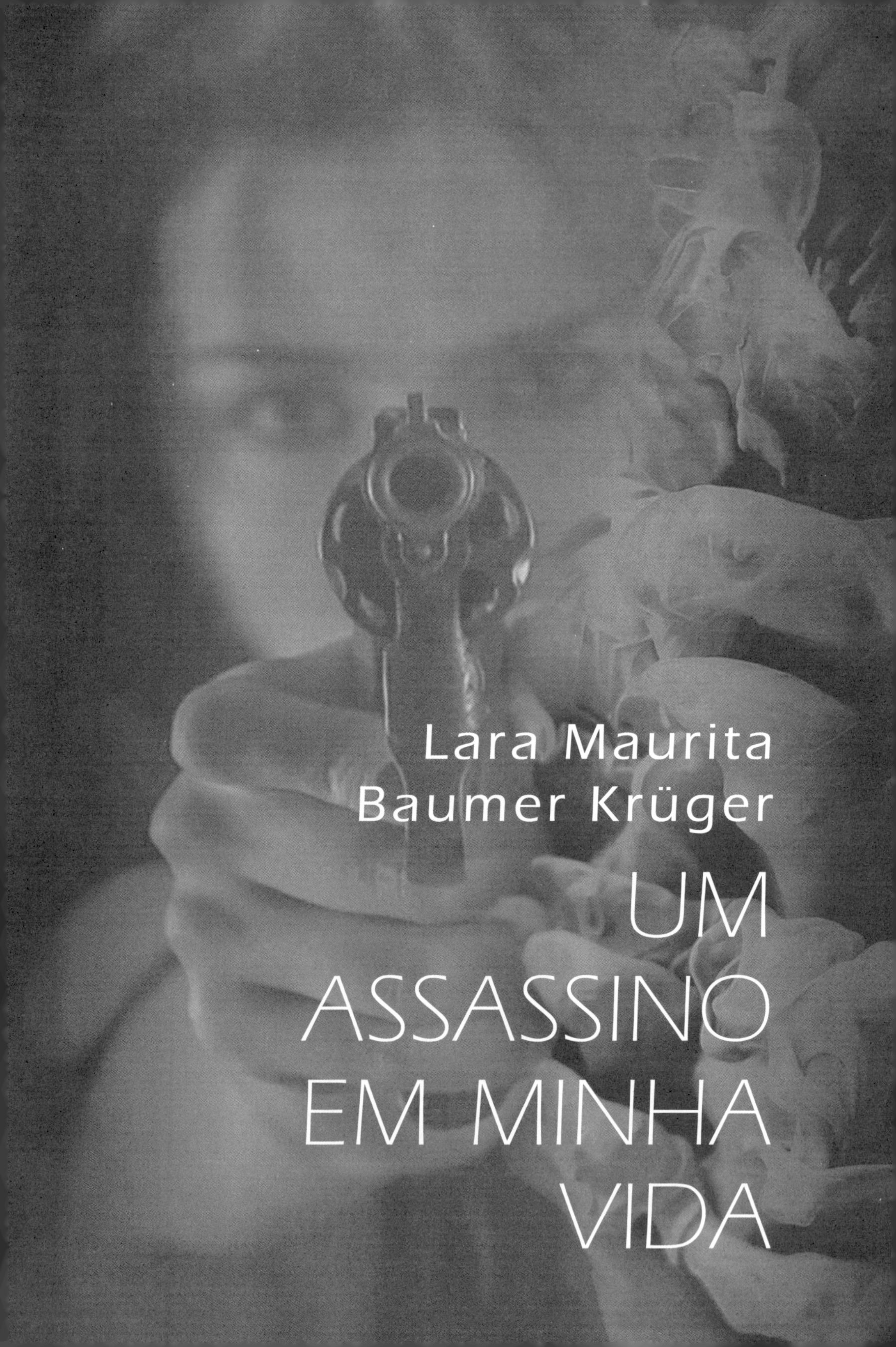
Lara Maurita
Baumer Krüger
UM
ASSASSINO
EM MINHA
VIDA

CAPÍTULO I

TIJUANA, MÉXICO – 12 ANOS ANTES

Martin segurou com força a arma em sua mão. Afinal, tinha menos de dez minutos para acabar com aquilo.

Então, continuou caminhando ofegante e virou-se para trás, ele sabia que Stephen o estaria vigiando. Em cada canto escuro, podia estar os olhos de alguém do Stephen, desejando que cometesse algum erro para entrar no seu lugar e virar o novo queridinho do "boss".

Não era a primeira vez que faria aquilo. Mas não importava. Ou Martin se importava? Decididamente, a resposta era não. Ele queria seu dinheiro. Ele queria ser o novo Stephen.

Assim como tantos adolescentes que cresceram ouvindo falar dele, que cresceram debaixo de suas asas, sustentados pelo crime.

Martin começou a sentir que seu coração batia com força. Aquela adrenalina crescente, que invadia suas veias, num misto de medo e desejo. Ele encarou a placa luminosa da lanchonete no alto, MisterMarcus. E, então, olhou no relógio uma última vez antes de entrar.

Não havia muitas pessoas nas mesas, o que facilitaria seu serviço. Dois atendentes conversavam apoiados no balcão.

- Me vê um *cheeseburger* e um suco – sua boca estava seca e sua garganta implorava por alguma bebida.

- Doze dólares – o cara do avental vermelho lhe deu o troco. – Levamos na mesa.

Martin ficou numa mesa próxima ao balcão, e uma mulher com duas crianças se sentaram na mesa ao lado. Por algum motivo, o garotinho (que não devia ter mais que quatro anos) começou a chorar. Martin terminaria logo com aquilo.

- Posso ir ao banheiro? – perguntou a garotinha, que aparentava ter uns nove anos.

- Vai, vai... mas sem demora, viu? – disse a mãe, enquanto pegava o menino no colo.

Então, esboçou um leve sorriso para Gwen, a filha, e a observou até que entrasse no banheiro. Jeannie, a mãe, teve uma rápida sensação, como se um pressentimento a alertasse de que poderia ser a última vez que a veria. E realmente era.

No banheiro, não tardou para a garota escutar os tiros. Ela parou, assustada, e se observou pelo espelho. Tentando, de alguma forma, entender o que tinha acontecido, Gwen deu alguns passos até a porta e, levemente, colocou as mãos sobre o trinco.

Sua cabeça mais se comparava com um minitornado de pensamentos, confusos e rápidos.

A garota abriu a porta lentamente e o que viu jamais esqueceria. Martin tinha acabado de baixar a arma, antes apontada para seu irmão, que jazia no chão ao lado da mãe.

Não. Aquilo não estava acontecendo... Gwen desejava, do fundo do coração, que pudesse acordar a qualquer momento daquele sonho ruim. Mas não era um sonho, e ela sabia disso. Não demorou para seus olhos ficarem marejados, e uma lágrima escorrer pelo seu rosto.

Martin teve a estranha sensação de ser observado. Podia ser alguém do Stephen vigiando-o lá fora ou podia ser a garotinha encarando-o por uma greta, na porta não muito distante dali.

Então, seus olhos se encontraram com os dela. Ele apertou a arma com força, sua mão começou a suar e seu dedo já estava no gatilho. Martin já tinha demorado mais de dez minutos. Stephen cobraria isso dele depois.

Ele se aproximou da garota, mas alguma coisa o impediu de atirar. Martin não conseguiria explicar se eram aqueles olhos castanhos olhando diretamente nos seus, que, de certa forma, pareciam ver o fundo de sua alma. Ou se era alguma coisa dentro dele começando a mudar.

Não. Ele era um monstro.

Repetia isso todos os dias, desde quando começara a acordar de algum pesadelo, com os rostos assustados e vingativos de suas vítimas. Ah, mas Martin tinha certeza de que era sua mente pregando-lhe peças.

Rapidamente, baixou a arma e correu para fora da lanchonete, tinha pegado o dinheiro e feito um aviso para Dominic, o dono da lanchonete. Se Dominic continuasse se metendo nos negócios de Stephen, ele seria o próximo que não respiraria mais.

Stephen era o tipo de cara que podia tirar tudo o que você tem e ainda enterrá-lo sete palmos abaixo da terra. Isso quando os corpos eram encontrados. Mas sempre era bom lembrar-se de uma coisa: ou você estava com ele ou estava contra ele, e Dominic se encaixava nessa última opção.

Martin continuou correndo, sem rumo, para qualquer lugar bem distante dali.

CAPÍTULO II

Gwen nunca se esqueceu do dia em que sua mãe e seu irmão foram mortos. Assim como nunca se esqueceu do olhar assassino daquele homem. Praticamente todos os dias que se seguiram, ela pensava por que motivos ele não a matara. Para ela, mais fácil seria se tivesse sido enterrada com eles.

A vida de Gwen mudou completamente depois disso. Sem ninguém mais para criá-la, acabou indo morar, logo depois do enterro, com uma tia que vivia em Atlanta, nos Estados Unidos. Ela até que se acostumou bem na cidade, mas nada foi fácil. Podia contar nos dedos as poucas vezes que foram ao cemitério depois disso. Era um tanto doloroso depositar as flores em cima da lápide, sabendo que nunca mais os veria novamente.

A garota cresceu tendo sonhos estranhos, que variavam de pesadelos com sua mãe e seu irmão e sonhos nos quais eles pareciam estar felizes em algum lugar que não fazia ideia de onde seria. Mas, para Gwen, sonhar que estavam todos bem era hipocrisia. Eles estavam naquele cemitério em Tijuana, enterrados, assim como todas as outras coisas que deixara para trás. E sua vida piorava a cada instante.

Gwen foi aquele tipo de adolescente que todos chamam de problemático. Frequentemente, envolvia-se em alguma briga na escola. E chegou uma hora em que não tinha mais amigos, talvez nunca houvesse tido.

Ah, como ela odiava a luz do sol. E odiava também ver as outras pessoas exibindo sorrisos em seus lábios. Como aquilo era patético. Para Gwen, ou as pessoas se escondiam por baixo de máscaras, fingindo uma felicidade que não tinham, ou Deus havia sido injusto com ela. Mas ainda achava que Deus era algo criado para conter as pessoas.

Não bastasse isso, Gwen começou a ter visões. Por um tempo, pensou que era por causa dos remédios. Mas vinha piorando a cada dia e fazia meses que não precisava mais do medicamento.

"Estou ficando louca" - murmurava toda vez que via alguma coisa.

Gwen começou a ficar assustada quando percebeu que, mesmo fechando os olhos e os abrindo em seguida, as coisas ainda estavam lá, olhando-a de uma maneira estranha, andando ao seu redor. Ela podia ouvi-los sussurrando, e, mesmo que dormisse, eles continuavam perturbando-a.

- Isso não estaria acontecendo se ele não tivesse matado minha mãe e meu irmão... – disse Gwen, olhando o teto. – É, Jimmy, estou ficando louca – ela encarou o gato no canto do quarto. – Eu ouvi a tia Abby conversando no celular... Acredita que ela tá realmente pensando em me internar? – Gwen suspirou fundo. – Mas eu estou louca, não estou?

Por mais que ela tentasse esquecer o que tinha acontecido, ainda tentava, inutilmente, criar algum tipo de vingança para Martin. Só Jimmy sabia quanta raiva Gwen tinha dele.

"Eles eram só o que eu tinha, e ele os tirou de mim."

CAPITULO III

NOS DIAS DE HOJE

- Bom dia, senhorita Gwen! – disse Sarah, dando um pequeno aceno com a mão.

- Bom dia! A propósito, Clark mandou os arquivos?

- Ainda não.

- Ah, certo. Avise-me quando mandar.

Gwen tomou um último gole do café antes de jogar o copo no lixo. Era só mais um dia normal de trabalho que se iniciara, bem, pelo menos, era o que Gwen achava. Ela caminhou até o carro com que faria a ronda. Derick a esperava encostado no carro:

- Não devia se atrasar tanto – ele deu uma gargalhada.

- Cheguei mais cedo do que você – disse Gwen entrando no carro, e Derick fez o mesmo.

- Você não vai comprar rosquinhas? Nós devíamos comprar rosquinhas! – Derick arqueou as sobrancelhas de forma engraçada.

- Isso aqui não é um filme, Dek. É a vida real – ela esboçou um sorriso meio de canto e começou a dirigir.

Algumas coisas haviam acontecido nos últimos anos. Gwen tinha se mudado para San Diego, na Califórnia, onde se tornara uma oficial de polícia. E sua tia falecera havia poucos meses. Ela fazia falta, isso Gwen não podia negar, e também sentia falta de ligar para ela todas as manhãs. Por mais que morasse longe, as duas não se distanciaram.

Tia Abby foi contra Gwen ir para San Diego. Já que a cidade é fronteira com Tijuana. E lembranças sempre voltam.

Foi, então, que receberam um chamado no rádio para uma tentativa de assalto com feridos, na 8th Avenue. Assim que chegaram ao local, já puderam avistar algumas pessoas aglomeradas e ouvir gritos.

Gwen não hesitou em sair do carro. Ela engatilhou a arma em sua mão e começou a correr. Alguma coisa dentro de seu peito deixou-a apreensiva de uma maneira que não podia explicar.

- Deveríamos chamar reforços! – gritou Derick, enquanto corria na direção dela.

Mas ela não conseguiu responder. Gwen continuou abrindo espaço entre as pessoas para entrar no estabelecimento, mas foi inútil.

Então, ela parou de repente. Não por causa do vidro à sua frente, mas por...

Não. Não podia ser.

Se ela acreditasse em coincidências, diria que aquilo não passava de uma, e que o destino estava de brincadeira com ela.

Derick não demorou para alcançá-la. Gwen sentiu que ele a cutucava pelo ombro.

- Senhorita Gw...

Ela se virou, e Derick se assustou com sua aparência pálida e suas mãos trêmulas.

- O que aconteceu? Gwen?! Gwen?!!! – Ele tocou suas mãos, sentindo sua pele fria. Derick tentou ver alguma coisa que chamasse a atenção, aproximando-se do vidro. Havia três reféns e marcas de sangue no chão. Pelo que pôde contar, eram cinco rapazes: três cuidando dos reféns, e os outros dois saqueando o dinheiro do caixa.

- Gwen, fale comigo...

Ela não tinha ideia do que estava acontecendo. Por questões de segundos... foi tão rápido, que Gwen estava se perguntando se aquilo havia sido real.

Martin estava ali, a poucos metros de distância. Apenas separados pelo vidro. Sua perna sangrava e tinha alguns machucados no rosto. Mas não era só isso... Ela a tinha visto, depois de todo esse tempo. Bem ali, um pouco acima de Martin, Gwen tinha visto sua mãe, como se o protegesse... Sim. Ela tinha certeza de que ela o protegia.

Talvez fosse o sinal pelo qual esperou durante todos esses anos. Alguma coisa que a fizesse compreender melhor o que tinha ocorrido naquela noite.

Mas Gwen não teria muito tempo. Ela imaginou menos de cinco minutos para um dos caras começar a atirar nos reféns, e, infelizmente, calculou errado.

A mulher ao lado de Martin, vestida com o uniforme da lanchonete, foi a primeira a cair morta no chão. Martin sabia que seria o próximo. Ele já tinha suplicado demais para permanecer vivo, e tudo que obteve de resposta foi um tiro na perna e socos no rosto. No fundo, ele estava ciente de que merecia aquilo. Era ironicamente engraçado pensar que agora o feitiço virava contra o feiticeiro.

- Precisamos dar o fora daqui! – berrou o homem com o capuz amarelo, que andava de um lado para o outro. – Pô, caras, a polícia já tá lá fora! Droga!

Martin não tinha prestado atenção quando os policiais chegaram. Ele lutou contra a dor para levantar um pouco a cabeça e olhar para fora.

Foi quando teve a sensação de que seu coração havia parado. Um frio na barriga levou todo o seu fôlego: eram os mesmos olhos daquela noite. Nunca lhe passara pela cabeça que um dia se encontrariam de novo. Havia alguma coisa nela... ou era alguma coisa nele, que não o deixara puxar o gatilho contra ela naquela fatídica noite.

Martin nunca soubera explicar, e, agora, sua mente

era tomada por lembranças que passara a vida inteira querendo esquecer. Elas vinham como um filme em câmera lenta.

- Pegou tudo? – disse o homem perto da entrada dos banheiros. - Precisamos sair daqui agora! AGORA!

Martin se esforçou outra vez para olhar para cima, então observou que o jovem que segurava a arma apontada para ele agora a apontava um pouco mais para o lado, para o homem encostado na parede. Pela cesta esparramada no chão, provavelmente devia estar fazendo compras.

Martin encolheu os ombros com o som do tiro. Com certeza, seria o próximo. Ideias estapafúrdias como o de se levantar e tentar correr passaram pela sua cabeça. Mas, de qualquer forma, não daria nem dois passos e cairia no chão, morto.

O sujeito armado andou até ele e fez o mesmo procedimento que tinha feito com os outros dois. Assim que levantou a mão para atirar, Martin fechou os olhos com força, preparando-se para ouvir o tiro da própria morte.

Gwen engoliu em seco ao ver o cara aproximando-se de Martin. Por mais que tivesse todas as razões do mundo para querer vê-lo morto, ela não deixaria aquilo acontecer.

Sua mão suava em volta da arma, e Derick, amolando-a com perguntas, estava deixando-a mais nervosa ainda.

Ela não hesitou nem mais um segundo e atirou para cima, tentando dispersar os curiosos dali, o que funcionou.

Então, o caos começou, e, sem pensar duas vezes, Gwen entrou no estabelecimento, abaixando-se quando os tiros começaram. Derick foi pelo outro lado, agachando-se atrás de uma prateleira.

Gwen puxou o gatilho e atirou em direção ao jovem de capuz amarelo, acertando em seu braço.

- DROGA! Droga, droga, droga! – ele gritou, atirando de volta antes mesmo de colocar a mão em cima do ferimento.

Gwen andou abaixada, tentando chegar o mais próximo possível de Martin.

- Atira logo! – ouviu um deles gritar.

- Vamos sair daqui, seus desgraçados! Robert tá esperando a gente! – o de roupa preta passou do outro lado da prateleira onde ela estava.

Foi quando Gwen avistou o homem levantando novamente a arma para atirar em Martin. Ela não pensou duas vezes para se levantar e sair correndo. E ainda ouviu Derick gritar alguma coisa que não conseguiu compreender. Existia algo lá no fundo do peito que a faria realizar qualquer coisa para salvá-lo. Quando, na verdade, ela deveria continuar odiando-o.

Sim, ela o odiou por muito tempo. Foi uma das razões pela qual entrou para a polícia e se mudou para San Diego. Tijuana era ao lado, e, sendo assim, ela achava que seria mais fácil encontrá-lo. Mas, todos esses anos depois, concluiu que não foi tão fácil assim.

Gwen continuou a correr. Ela sentia seu coração bater com tanta força que chegava a doer. Sua respiração estava ofegante e suas mãos ainda tremiam. Então, o momento que se passou foi como se estivesse em câmera lenta. Como se estivesse dentro de uma gelatina gigante com alguma modificação de tempo. E a cada passo que dava, tinha a sensação de que seu corpo ficava cada vez mais pesado. Mesmo assim, Gwen tentou atirar no sujeito, para derrubá-lo, mas ele estava fora do seu campo de visão.

Martin ainda não conseguia entender por que ela se arriscava por ele. Afinal, era um monstro. Um assassino. Não merecia aquilo. Não merecia redenção.

Então, sem hesitar, ela se jogou na frente de Martin, recebendo o tiro destinado a ele.

O cara saiu correndo, e Derick veio na direção deles.

Martin estava em choque.

Não...

Ela não devia ter feito aquilo por ele.

Não, não, não...

Ele não percebeu quando as lágrimas tornaram a cair por seu rosto. Gwen começou a agonizar em seu colo. E Martin a abraçou. Abraçou-a com força, ao mesmo tempo em que chorava como uma criança que perdera alguém.

Uma dor queimante percorria o peito de Gwen. Ela começou a sentir-se tonta, e sua visão tornou-se embaçada. Provável que seria por causa da dor. Mas, mesmo assim, algo dentro dela estava diferente. Era estranho. Quanto mais tentava pensar em alguma coisa, mais sua mente ficava sobrecarregada de cenas que vinham como *flashes*. Suas pálpebras se tornaram pesadas, e tudo parecia longe, muito distante. Gwen quase não ouviu o som das sirenes antes de fechar os olhos, o que Martin pensou ser a última vez que ela fazia.

CAPÍTULO IV

Martin visitou-a todos os dias no hospital. Ele tentou conversar com ela, ou melhor, passou inúmeras tardes tentando se desculpar pelo que tinha feito e por todas as outras coisas. Alguma coisa nele havia mudado desde que ela salvara sua vida. Alguma coisa que não conseguiria explicar.

Ah, bastou aquele gesto para ele se arrepender de todo o mal que já tinha cometido. Martin chorava como nunca antes o fizera. Chorava todos os dias depois daquilo.

Certo dia, Derick lhe disse que ele deveria ser muito importante para ela, porque Gwen vinha coletando informações dele por todos aqueles anos. Mas Derick não sabia muita coisa além das informações básicas que Gwen lhe passara para matar a sua curiosidade.

Quando Gwen teve alta do hospital, Martin ficou esperando-a do lado de fora. Eles não trocaram nenhuma palavra ao ficar frente a frente. Apenas se abraçaram como se fossem velhos amigos.

E, com certeza, eram, mas não desta existência.

EPÍLOGO

TIJUANA, MÉXICO

- Eu não entendo por que você quis voltar aqui –

disse Martin, enquanto observava o desbotado letreiro da lanchonete MisterMarcus.

Gwen parou o carro bem na frente. Ela tirou a chave da ignição e respirou fundo:

- Durante todo esse tempo... – Gwen não conseguiu terminar a frase antes de começar a chorar – Passei minha adolescência inteira odiando-o e sonhando com vingança. Desejando que, se alguma vez eu o encontrasse, me vingaria... Depois do enterro, fui morar com a minha tia. Foi uma época muito complicada para mim. Eu achava que estava ficando louca, e... eu comecei a ver coisas. Minha tia estava a ponto de me internar, quando uma amiga dela sugeriu que fossemos a um Centro Espírita – Gwen passou as mãos pelo cabelo. – Depois dali, tudo mudou. De certa maneira, comecei a ter compreensão das coisas e, aos poucos... bem... aos poucos, fui mudando meu pensamento sobre você. Lá no fundo... bem lá no fundo da alma, eu sabia que éramos ligados de alguma maneira, algo que não conseguia explicar. Mas agora...

- Eu nunca esqueci aquele olhar...

Gwen enxugou algumas lágrimas:

- Eu sou espírita, Martin, e sou médium também. Naquele momento em que eu vi aquele cara com uma arma apontada para você...

Era difícil para ela falar. Sentia forte emoção percorrer-lhe as veias.

- Eu vi minha mãe, Martin... – ela mordeu os lábios. – Minha mãe o estava protegendo, protegendo esse tempo todo... Foi quando realmente soube que havia algo muito além do que aconteceu nesta existência.

Os olhos de Martin tornaram-se marejados, e, lentamente, as lágrimas começaram a rolar por sua face.

- Depois que saí do coma, voltei ao Centro Espírita. E lá tive a informação que há tanto tempo eu esperava – Gwen engoliu em seco. – Em uma existência anterior, nutrimos um pelo outro um grande amor. Mas você escolheu o crime a casar-se comigo. Isso me levou a uma tristeza profunda e ao suicídio. Minha mãe, que já era minha mãe, e meu irmão, que na época era meu pai, movidos pela imensa dor de minha perda, foram até você e o mataram por vingança.

Martin compreendeu que ele também precisava reparar seus erros. Decidiu, então, naquele instante, uma coisa que havia muito tempo lhe passava pela cabeça: entregar-se à polícia.

Gwen nunca o abandonou, indo visitá-lo todos os meses na prisão, durante os próximos vinte anos em que ficou detido no México.

Beatriz Andrade
A VIDA
É UMA
ESCOLA

Animada, Eunice entrou de súbito no quarto, despertando a filha...

- Filha!... Oh, desculpe! Não sabia que estava dormindo...

- Tudo bem, mamãe... Já estava na hora de acordar mesmo... Mas o que houve? Parece bem animada...

- Seu pai conseguiu uma boa colocação em uma firma, na mesma área que ele já trabalhava!

- Que maravilha, mamãe!... Mas...

- Mas?!

Imediatamente, Sofia associou o novo emprego do pai com o retorno à antiga escola, e ela sabia, não era mais aquilo que desejava.

- Nada, não! Só pensei uma coisa...

- Bem, filha, quando estiver perto das vinte e uma horas, esteja pronta! O novo chefe de seu pai vem jantar com a família aqui em casa.

- Fique tranquila, mãe. Estarei pronta.

Sofia passou o restante da tarde desanimada, mas, chegada a hora do jantar, estava bem arrumada, assim como a mãe havia pedido. Então, escutando a campainha, seguiu para a sala a fim de conhecer o novo chefe de seu pai e sua família.

Ao entrar na sala, seus pais já estavam recepcionando-os, e Sofia, após cumprimentar o homem, surpreendeu-se ao reconhecer o filho do casal, que viera também.

- Você?!

- Ué, vocês já se conhecem, filho?! – virou-se o senhor para o filho, ainda segurando a mão de Sofia, que o cumprimentava.

Esta mal podia acreditar no que estava vendo; depois de passar os últimos dias repensando a maneira como vinha agindo, aquilo não podia estar acontecendo.

Antes mesmo desse encontro na casa de seus pais, já vinha, quase que ininterruptamente, avaliando suas últimas atitudes, desde que tivera de mudar de escola. No jantar que se seguiu, ela apenas conseguia pensar em como tudo acontecera.

Sofia entrou emburrada na sala de aula, afinal, em sua mente, ela não podia compreender como aquilo estava acontecendo. Já no segundo ano do ensino médio, depois de ter estudado sempre na melhor escola da cidade, não se via tendo de estudar em uma escola pública.

A primeira professora do dia, Sra. Ângela, professora de matemática, foi logo a apresentando à turma. Sofia, com cara de poucos amigos, apenas fez um leve sinal afirmativo com a cabeça.

As primeiras aulas antes do intervalo transcorreram normalmente, e, assim que o sinal tocou, todos saíram para tomar o lanche, que, no caso, era distribuído pelas merendeiras.

A escola em que Sofia passara a estudar naquele dia era uma das mais simples, se não a mais simples da cidade, em um bairro bem humilde. Tendo de mudar a filha rapidamente, bem na metade do ano letivo, sua mãe, Eunice, não conseguira vaga em uma escola pública um pouco mais compatível com a vida que a menina, até então, levara.

Lívia, um menina bem comunicativa, antes de sair para o intervalo, observou que a aluna nova não se levantara como o restante dos colegas e resolveu chamá-la.

- Ei, amiga?! Sofia, não é? Venha se alimentar! Não sente fome?

- Não, obrigada.

Pensando que a colega talvez não tivesse levado lanche, Lívia completou:

- Mas eles entregam pão com manteiga e suco de soja... Alguns dias, também tem sopa.

- Não quero mesmo. E eu trouxe um lanche.

- Bem, vou comer, então. Nem sempre quando chego em casa, já deu tempo de minha mãe fazer o almoço, e aí, até eu colocar o feijão para cozinhar e ela chegar, passo uma fome danada. Saia para o intervalo pelo menos...

- Estou bem aqui – limitou-se a dizer Sofia.

Lívia, não entendendo muito bem o mau humor da nova colega, limitou-se a esmiuçar um sorriso amarelo e saiu, deixando Sofia a pensar.

"Chegar em casa e cozinhar feijão? Era só o que me faltava... Tem gente em situação pior do que a minha! Só por Deus..."

Sofia continuava perdida em seus pensamentos de lamúria quando ouviu nitidamente alguém lhe dizer:

- E você ainda nem viu nada, minha filha...

A frase escutada quase nem chegou a ser finalizada, e a moça deu um pulo da cadeira:

- Quem está aí?! Quem está aí?! – mas, olhando para todos os lados, Sofia viu que estava só. Correu, então, até a saída da sala e, depois, até o final do corredor, percebendo, enfim, que realmente não havia ninguém.

"Meu Deus! Devo estar ficando louca! Se tivesse comido algum alimento desta escola, ia pensar que colocaram algo, afinal, neste lugar... Mas deve ter sido o estresse... Preciso mesmo me acalmar..."

Após o intervalo, Sofia não mais conseguira prestar atenção nas aulas. Encontrava-se distante, pensando na frase que ouvira com toda nitidez, como se alguém estivesse mesmo ao seu lado.

Após a aula, já em casa, Eunice percebeu que a filha estava mais calada, meio cabisbaixa, e resolveu aproximar-se.

- Filha, como foi o primeiro dia de aula? Conversei com algumas pessoas e fiquei sabendo que os pro-

fessores que estão dando aula para você são excelentes e que alguns, inclusive, dão aula para cursinho, em outros lugares. Sei que teve que deixar a convivência diária com os seus amigos, mas não vai perder a amizade com eles, e ainda pode fazer novos amigos... Não é o fim do mundo, filha! Quem sabe, logo o seu pai arranja uma nova colocação, um novo emprego, e a situação melhora?

- Novo amigo, mãe?! Que jeito? São pessoas muito diferentes de mim! A única moça que conversou comigo hoje disse que, assim que chegasse em casa, iria cozinhar feijão para adiantar o lado da mãe.

Eunice começou a ficar preocupada com a fala da filha, pois nunca havia percebido esse tipo de preconceito na menina, apesar de que, sempre estudando em escola particular, ela só convivera mesmo com pessoas de maior posse.

- Mas, Sofia, qual é o problema?! Minha filha, essa moça que você conversou só pode ser uma boa garota... Afinal, uma garota que ajuda a mãe...

- Mas não pode ser minha amiga, mãe! Como vou conversar com ela sobre roupas de marca, perfumes importados ou sobre viagens? Ela nem deve ter saído do nosso próprio estado!

Eunice estremeceu. Não imaginava tal reação da filha.

- Filha, um amigo não precisa ser alguém que tenha as mesmas coisas que você ou que tenha vivido as mesmas situações... Um amigo é alguém que divide as coisas, principalmente as experiências, os pensamentos, e que está ao nosso lado, que é verdadeiro, que não nos engana...

Sofia bufou e pediu para ficar só.

- Ok, já disse o que penso. Não precisa ficar irritada, mas tente ter amizade com essa moça e, depois, você vai me contar como foi.

Eunice ouviu mais uma bufada e retirou-se.

À noite, já deitada na cama com o marido, a mulher relatou a conversa que tivera com a filha e, esperando que o marido a apoiasse, ficou ainda mais embasbacada com o que ouviu:

- Querida, você deveria entender mais a nossa filha. A realidade que ela está vivendo agora é totalmente discrepante com o modo de vida que sempre tivemos.

- Sim, eu sei, mas estou começando a achar que o fato de essa mudança ter acontecido agora será muito bom para a nossa menina. Nunca pensei que ela tivesse esse preconceito social tão grande...

- Não fale besteira! Em nada uma crise financei-

ra pode ser boa, mas, logo, logo, conseguirei uma entrevista de emprego em uma grande firma. E nossa filha voltará para a antiga escola! – e, virando-se, deu as costas para a esposa, rapidamente dormindo.

Eunice quase não dormiu a noite toda, mais preocupada que se encontrava agora, principalmente pelo pouco caso que o marido fizera com o que lhe contara.

Amanhecendo, Sofia tomou o café da manhã sem falar com ninguém, logo se levantando, e, emburrada, partiu para a escola com a mãe, seguindo calada durante todo o trajeto.

Logo na primeira aula, observou o olhar insistente de um rapaz, mas o mesmo disfarçou assim que se deu conta de que ela percebera.

"Ah, era só o que me faltava! Um garoto desta escola me paquerando... Coloque-se no seu lugar, garoto!"

Lívia, que não deixava passar nada, percebera, no mesmo momento em que Sofia, que Igor olhara para a nova colega. E, no intervalo, não perdeu tempo, indo rapidamente falar com ela:

- Sofia, eu percebi o Igor olhando para você durante a aula! Ele é muito gatinho!

- Hã, nem reparei... Aliás, nem sei quem é Igor.

- Não sei como você não prestou atenção nele. Todas as meninas são encantadas por ele, e eu também admito que é o garoto mais bonito do colégio, mas que fique claro que só tenho olhos para o Rodrigo... –afirmou Lívia, suspirando.

- Ah, elas podem ficar com ele, então.

- Jura?! Mas eu percebi o olhar dele para você... E vocês formariam um belo casal! E, olha, ele é raridade, viu? Pois, além de bonito, é educado, respeitador... tímido até...

Sofia limitou-se a abrir um meio sorriso, na verdade, mais como uma maneira de encerrar o assunto, demonstrando total falta de interesse no mesmo.

"Meu Deus! Como essa menina fala! Nem se toca que não estou a fim de fazer amizade!"

E Lívia continuou:

- Sofia, estamos perdendo o intervalo! Vamos logo! Hoje tem sopa, sinta só o cheiro... E é uma delícia, viu?! A dona Ivone, que é a cozinheira mais antiga desta escola, faz uma sopa como ninguém! Melhor até que a sopa da minha mãe, e olha que ela cozinha bem, hein?!

- Vou ficar por aqui mesmo, Lívia!

- Ok. Você é quem manda, amiga! Já volto...

Ficando sozinha na sala de aula, Sofia começou a perceber que a sopa cheirava muito bem mesmo, inclusive começando a salivar e engolir diversas vezes. Mas, novamente, os pensamentos preconceituosos tomaram conta de sua mente:

"Imagina como deve ser a limpeza da cozinha deste lugar! Que nojo! Se a própria escola está caindo aos pedaços, o que dirá o restante. Se bobear, ainda usam alimentos vencidos para fazerem as refeições. De modo algum que eu tomaria essa sopa..."

Após o intervalo, o restante da aula transcorreu normalmente, e, na saída, ansiosa para voltar para casa, Sofia saiu em disparada, acabando por enroscar sua bolsa na carteira de Igor e levando o material do garoto ao chão.

Voltando-se para ver o que havia causado, Sofia parou o seu olhar no de Igor, e uma onda forte de calor lhe subiu pelo corpo, ruborizando sua face. Tentou, então, achar palavras para desculpar-se, mas não as encontrou.

O rapaz, rapidamente, também um tanto encabulado, abaixou-se para começar a pegar o material que caíra. Sofia fez a mesma coisa e, quando terminaram de recolher todo o material caído, a moça desculpou-se e saiu, praticamente sem conseguir esboçar qualquer reação.

Em casa, Sofia logo percebeu que não conseguia parar de pensar no olhar de Igor e começou a irritar-se com a insistência de tal pensamento:

"Aquele garoto devia estar com graça, isso sim! Lívia me falou que ele é educado e meio tímido, mas deve mesmo é fazer média para conquistar as garotas. Um garoto daquela escola, educado?! Argh, saia da minha cabeça, garoto!"

Eunice não perguntou sobre a escola, pois, tendo conversado com uma psicóloga, percebeu que era melhor esperar que os dias passassem um pouco e, assim, ver como a filha reagiria. Percebia a garota um pouco distante e pensava ser devido à mudança, mas nem imaginava que a filha estava mesmo era começando a se apaixonar.

Três meses se passaram, e Sofia continuava a lutar contra seus sentimentos, afinal, o preconceito ainda era maior, ou ela buscava que fosse, do que o sentimento que insistia em brotar em seu peito. Também tentava, insistentemente, pensar que Lívia era uma moça com quem não poderia ter amizade, porém seu consciente já apontava que ela sentia mesmo era falta da colega, quando esta, por um motivo ou outro, tinha de sair mais cedo da sala ou mesmo nos dias em que, com muita fome, corria para tomar a tão comentada sopa e não lhe dirigia a palavra.

Passados mais alguns dias, solicitada pelo professor para resolver um problema de matemática na lousa, Sofia, levantando-se, perdeu os sentidos, caindo ao chão. Todos correram ao seu redor, e, enquanto o professor buscava ajuda, Lívia pediu que uma colega buscasse sua mochila, tirando um medidor de pressão. Rapidamente, identificou que a nova amiga tivera uma queda abrupta de pressão e pediu que os amigos a levassem, com cuidado, para fora, para um lugar mais ventilado, e que se desaglomerassem.

Todos seguiram as recomendações da amiga, e, já no momento em que a levavam, ela começou a retomar a consciência. Colocaram-na sentada em uma cadeira, e Lívia, já sentindo o cheiro da sopa, pediu que buscassem um prato para a colega. Assim que chegaram com o prato, Lívia colocou uma colherada na boca da amiga, que logo percebeu como realmente era deliciosa a sopa tão comentada por todos. Depois de comer uma pratada, com sua própria mão, já se sentindo melhor, Sofia exclamou, perguntando:

- Será que teria mais um prato dessa sopa?!

Todos caíram na gargalhada. E Sofia sentiu-se acolhida com tantas pessoas ao seu redor, observando-a para perceberem se ela realmente estava melhor.

Após o professor decretar o intervalo, para que todos pudessem degustar da tão gostosa sopa, Sofia seguiu com Lívia para tomar mais um prato daqueles. E, no caminho, indagou à colega:

- O que será que aconteceu comigo, amiga?

"Amiga? Eu falei amiga?"– pensou rapidamente Sofia.

- Você teve uma queda de pressão. Está muito calor hoje...

- Mas como você sabe disso? Digo... que eu tive uma queda de pressão?

- Eu aferi sua pressão. Minha mãe trabalha como auxiliar de enfermagem, e, alguns dias, ou melhor, algumas noites, eu a ajudo a cuidar de seus pacientes a domicílio. Duas noites da semana, ela passa com uma senhora que sofreu um acidente vascular cerebral e, em outras duas noites, ela cuida de uma senhora com bastante idade. Para que minha mãe não fique acordada a noite toda, eu a acompanho, e revezamos as horas de sono. Entende?

- Mas você não fica com sono durante o dia?

- No começo, sim, mas agora já me acostumei... Ela também trabalha em um hospital psiquiátrico durante

o dia e faz o curso de auxiliar de enfermagem no período da tarde, então, se eu não ajudar, ela não poderia dormir nem um pouco. Já pensou? Fora que eu adoro ajudá-la, pois também quero, quando terminar a escola, fazer um curso técnico e quem sabe um dia, ah, meu sonho, fazer um curso superior de enfermagem.

- Caramba! Ia ser impossível ela ficar sem dormir! Tenho tanto sono quando a noite chega e olha que, às vezes, tiro um cochilo à tarde. Mas você tinha um medidor de pressão aqui?

- Sim, ajudei minha mãe na noite passada e, então, vim direto para a escola. O medidor estava na mochila.

- Nossa, Lívia! Você é bastante responsável para a nossa idade! E sempre ajudando a sua mãe... Siga seu sonho, sim! Você leva jeito, viu?! Como paciente, eu aprovei! – disse com um sorriso aberto, para surpresa de Lívia, que, até então, ainda não tinha visto.

Depois de tomar mais um prato de sopa e assistir às últimas aulas, Sofia voltou para casa, sentindo grande paz interior e, ainda mais, ao se lembrar do olhar de Igor, quando, voltando à consciência depois do desmaio, percebera que ele a olhava com preocupação, assim como as outras pessoas que se encontravam ao seu redor.

Então, para incrível surpresa da mãe, Sofia entrou em casa sorrindo e sem as já habituais reclamações.

- Nossa, filha! O que houve? Parece bem feliz, disposta, não sei explicar...

- Não sei, mamãe! E a senhora acredita que desmaiei na escola hoje?

- Desmaiou?! Como assim, minha filha?! Sente-se, sente-se...Venha cá!

- Acalme-se, mãe! Foi apenas uma perda de sentidos, tive uma queda de pressão devido ao calor. Já estou ótima. Pronta para outra!

- Que é isso, menina?! Vou marcar um médico...

- Não precisa mesmo, mãe! Foi o calor. Na escola, não tem ar-condicionado...

Eunice ouviu a última frase da filha já esperando por todas as queixas que se seguiriam, afinal, tanto na escola que sempre estudara quanto em sua própria casa, sempre tivera ar-condicionado. Mas, para mais uma surpresa, a queixa não aconteceu.

- Estou bem, mãe! — e, afirmando isso, Sofia virou-se para seguir até o seu quarto.

- Filha, aonde vai? O almoço já está na mesa...

- Ah, mãe! Desculpe-me, mas não vou conseguir almoçar. Tomei duas pratadas de sopa na escola...

- Mas sopa não sustenta, filha! Ainda mais que você desmaiou.

- Ah, mãe! Você fala isso porque não viu a sopa da escola... é super encorpada, tem de tudo que você possa imaginar.

- Hum... Então, está bem... mas, se sentir fome, vou deixar um prato feito no micro-ondas.

- Obrigada, mãe! Você é maravilhosa! – e, dizendo isso, Sofia lhe deu um beijo, seguindo, então, para o seu quarto, deixando Eunice abobalhada com suas novas reações.

Mais uma tarde se passara sem que Sofia conseguisse tirar Igor da cabeça. E ela já sabia, não havia mais como negar a si mesma, estava apaixonada. Também já havia percebido, até mesmo antes do sentimento que nutria pelo rapaz, da importância que a nova colega, Lívia, passara a ter em sua vida.

- Eu avisei que você ainda não tinha visto nada, minha filha! Só passamos a ver quando damos oportunidade a nós mesmos, e é só assim que passamos a sentir, a

sentir o amor... Somos todos iguais! Alguns melhores, não em coisas materiais, mas em sentimentos, outros nem tanto ainda, mas no mesmo caminho, no caminho do conhecimento, do sentimento e da evolução. E lembre-se: não se limite a aprender, ensine, e dê o seu exemplo. O exemplo sempre se faz o maior mestre.

Sofia ouvira cada palavra com atenção, não da maneira como antes havia acontecido, na sala de aula, pois, neste momento, dormia, e as palavras vinham de um Espírito muito ligado a ela, mas guardara aqueles ensinamentos dentro de seu íntimo.

Depois de muito refletir, sabendo-se errada em seu preconceito social, que passara a inexistir através da convivência com a nova amiga e também com o sentimento que parecia explodir em seu coração, o primeiro amor, Sofia teve de se deparar com Igor em sua casa.

Filho do novo chefe de seu pai?! Não podia ser...

Mas... Voltando ao momento em que, entrando na casa do pai, o chefe perguntou ao filho se eles, Igor e Sofia, já se conheciam...

- Ah, sim, papai... Estudamos na mesma escola... Não sabia que aqui era sua casa, Sofia...

- Eu também, não – respondeu a moça, ansiosa – ... digo, não sabia que você viria em casa.

Durante todo o jantar, a garota e o rapaz quase não trocaram palavras, apenas respondiam quando eram solicitados pelos pais, e Sofia evitava olhar para o garoto a todo custo, o que não acontecia com o mesmo, que, virava e mexia, olhava com o canto dos olhos para ela, tentando entender a maneira como estava agindo, afinal, percebia o seu nervosismo, pois parecia ansiosa e pensava se seria pelo novo emprego do pai.

Após o jantar, antes de deitar, Eunice foi conversar com o filha.

- Filha, percebi você diferente durante o jantar... Está ansiosa pelo novo emprego de seu pai?

- Não, mamãe! Não é isso... Eu já conheço o Igor!

- O filho do chefe... Ela estuda com você, não é, minha filha?

- Sim, ele estuda...

- E...

- Eu estava me interessando por ele, mamãe! Mas, antes, quando pensava que as diferenças sociais afastavam as pessoas, não demonstrei muito interesse... E, agora, como poderei corresponder, se ele ainda tiver algum interesse em me conhecer?

- Não entendi... Por que não poderia? Está se sentindo inferior pelo fato de seu pai ser empregado do pai dele?

- Não, mamãe! Isso nem passou pela minha cabeça. Mas, se eu demonstrar interesse agora, ele vai pensar que sou uma interesseira, por ter visto que ele tem condições, entende?

- Mas, filha, ele nem sabe que você chegou a sentir esse tipo de preconceito, e você mudou, passou a perceber o verdadeiro sentido das coisas, e é isso que importa...

- Ele não sabe, mamãe! Mas eu sei... Sei o que pensei e o preconceito que senti quando percebi que ele me olhava pela primeira vez.

- Filha, quando ele veio até aqui, você não mais pensava assim... Já sabia que estava interessada por ele.

- Verdade! Vou pensar nisso...

- Pense, e durma bem. Tenho muito orgulho de você!

Eunice deu um beijo na filha e, antes de sair do quarto, foi chamada por ela:

- Mãe!

- O quê?

- Mais uma coisa: não quero mudar de escola!

- Vou conversar com seu pai sobre isso. Não será fácil, mas vou tentar.

Com muita conversa, Eunice conseguiu convencer o marido a deixar a filha completar o restante do ano na escola que frequentava, alegando que outra mudança não faria bem à moça, que já se encontrava adaptada com os conteúdos das matérias e com os professores.

Passado algum tempo após o jantar acontecido com o chefe de seu pai, Sofia chegou com uma novidade em casa:

- Mamãe, o Igor me pediu em namoro...

- Veja, que boa notícia! É, minha menina, o tempo passa rápido mesmo! Minha filha foi pedida em namoro, e, pelo que vem me contando nos últimos dias, já percebi que o Igor é um bom rapaz.

- Sim, ele é! Só não sei ainda como contarei ao papai, se vir que realmente está dando certo, afinal, ele é filho de seu chefe...

Eunice pensou por alguns segundos e respondeu à filha:

- Posso lhe pedir uma coisa, Sofia?

- Logicamente, mãe.

- Quando contar, não diga ainda ao seu pai quem é o rapaz.

- Não? Mas por que, mamãe?! A senhora acha que ele será contra o namoro?

- Não é isso. Na verdade, eu acho que ele seria muito a favor.

- Não entendi.

- Tenho comigo que seu pai pensa que você deve namorar um rapaz rico, de posses... Então, não vamos mentir, só vamos omitir por um tempo. Seu pai também tem algo a aprender.

- Ah, acho que passei a entender. Não vou dizer, mamãe! Só não sei no que isso vai dar...

- Nem eu, minha filha... Nem eu...

Mas, apesar de não saberem no que iria dar a novidade que evitariam contar completamente, Eunice e Sofia tinham um leve pressentimento sobre qual seria a reação do marido e pai quando chegasse o momento de contar sobre o namoro, e não estavam erradas, infelizmente:

- Namorar um rapaz daquele colégio! Está maluca, minha filha?! Você sabe onde ele mora? Pode ser filho até de um traficante, de um bandido! Naquela escola tem de tudo...

Eunice até fechou os olhos quando começou a perceber a reação do marido, mas Sofia manteve-se firme:

- Naquela escola tem de tudo mesmo, pai! Inclusive eu, a sua filha!

- Ora, não me responda dessa maneira! Você apenas teve de ficar lá por poucos meses... E, por mim, já nem estaria mais...

- Mas, pai, só poderei mudar porque o senhor conseguiu um novo emprego, mas poderia não ter conseguido... Ou, talvez, não tão rápido. Nem todo mundo tem as mesmas condições e oportunidades na vida, e não é isso que determina quem a pessoa é...

- Não venha me dar lição de moral, mocinha! Educação é fundamental! Vem de berço, como se diz. E nem todo mundo tem!

- Pai, você sabia que o Igor, o filho do seu chefe, estuda na minha escola?

- ... ouvi você comentando quando ele veio aqui em casa! Não sei o que se passa na cabeça de seus pais! Com tanto dinheiro que têm!

- Pois o Igor me contou que nem sempre foi assim e que seus pais batalharam muito para terem a condição que têm agora.

- Mas por que ainda o mantém naquela escola?

- Por que ele estuda lá desde criança, fez amizades e não quis se mudar.

- Ah, mas se fosse filho meu...

- Mãe, não tenho mais o que falar... Está difícil... - Sofia, então, sentou-se no sofá, como que desistindo de convencer o pai e pensando que talvez fosse melhor contar logo que Igor era o novo namorado.

Eunice, então, respirou fundo e tentou interceder:

- Querido, veja bem, quando começamos a namorar, você não tinha as mesmas condições que tem hoje, e que, inclusive, quase perdeu nos últimos meses, e eu, sim, sem querer falar que tinha mais, mas apenas com a intenção de que você enxergue: eu tinha mais, e isso nunca fez com que meu pai se opusesse ao nosso namoro. Meu pai sabia o homem de caráter que você era.

Aquelas palavras começaram a fazer com que o pai de Sofia se lembrasse de como era humilde, de como tinha pouco e que isso, na verdade, nunca influenciara a sua vida em nada. O sentimento que passara, naquele momento, a despertar no marido, como havia dito o amigo espiritual no sonho de Sofia, fazia com que ele passasse a visualizar o que havia sido importante em tantas fases de sua vida, mas a pergunta que Eunice ainda estava por fazer, completamente inspirada pelos amigos espirituais, faria com que o pensamento e o preconceito do pai de Sofia sofressem o impacto que faltava, para que ele compreendesse o quanto estava errado:

- Querido, e se eu lhe disser que o namorado da Sofia é o Igor, o filho de seu chefe?

Naquele momento, depois das lembranças de sua juventude, o pai da jovem passou a entender exatamente aonde a esposa queria chegar com tal questionamento.

- Talvez o pai de Igor não queira que ele namore a nossa filha, não é isso? – respondeu o marido.

- Exatamente. Ele é seu chefe. E talvez pense que a nossa filha não tenha condições ou educação para ser a namorada de seu filho. E você acharia certo esse preconceito com a nossa filha? Ela não é uma boa moça, querido?

- Ela é uma ótima moça! E me deu uma grande lição hoje. Aliás, vocês duas me deram. Acho que, em algum momento da minha vida, acabei me perdendo... Filha, se é isso que deseja, saiba que eu estarei sempre ao seu lado, para o que der e vier.

Gustavo Jacobassi

CAMINHO CERTO

Fui um pobre morador de rua, perdi minha família, tudo o que tinha e, principalmente, minha dignidade. Não conseguia emprego algum, por não ter estudado o suficiente, nem mesmo aprendido muito bem a ler e a escrever. Minha história começa no ano de 1944, quando tinha apenas quatro anos. Nasci na Bahia, mas, em busca de uma vida melhor, minha mãe nos fez vir para cá, para a grande São Paulo.

Quando tinha seis anos, meu pai se envolveu num caminho sem volta, o das drogas e do crime. Não feliz com a situação, com o passar do tempo levou para o mesmo caminho meus irmãos, Letícia e José, e minha querida mãe, Maria. O único que não se deixou influenciar fui eu. Talvez por medo ou, quem sabe, o meu anjo da guarda tenha me tirado de tal situação.

Sabia que a vida no tráfico não resultaria em nada de bom e que não demoraria para acontecer alguma coisa com a minha família. Com apenas dez anos, fiquei órfão, depois que meus pais se envolveram numa guerra entre gangues e morreram em um tiroteio na favela. Não tive mais notícias dos meus irmãos e permaneci em casa por dois dias, até chegar alguém à porta.

Era o carteiro, que, percebendo que não havia ninguém em casa, mas que as luzes se encontravam acesas, bateu à porta, esperando por uma resposta.

— Olá? Tem alguém em casa?

Pensando no que poderia acontecer se eu respondesse, fiquei quieto. Mesmo não tendo mais a companhia de alguém, nem mesmo uma alimentação decente, tinha medo do que poderiam fazer comigo; e se ele chamasse a polícia ou algum órgão que defendesse os órfãos? Não queria ir para o orfanato...

Insistente, ainda bateu mais uma vez e falou:

— Estou vendo as luzes acesas! Se tiver alguém aí, posso ajudar!

Por um momento, fiquei desconfiado do tal carteiro, mas depois cedi:

— Meu nome é Eduardo e estou aqui nos fundos! Por favor, ajude-me!

O carteiro, após ouvir minha resposta e minha voz de criança, exclamou:

— Você consegue abrir a porta pelo seu lado? Ou terei de quebrar a fechadura!

Ainda respondi:

— Não consigo, meus pais e meus irmãos saíram há dois dias e trancaram a porta pelo lado de fora...

— Tudo bem, então. Afaste-se, que vou arrombá-la!

Em menos de cinco segundos, a porta caiu. O carteiro era um senhor de meia-idade, aparentando ter uns quarenta anos. Seu nome era Ismael, conhecia a minha família, mas eu não o conhecia. Ismael me levou até a delegacia para fazer um boletim de ocorrência pelo abandono. Chegando à delegacia mais próxima, os policiais me trataram bem, deram-me comida e um cobertor, pois era um dia muito frio.

Em algumas horas, os policiais vieram até onde eu estava, com a notícia de que meus pais haviam morrido numa guerra entre gangues, na favela. Não falaram quais eram as gangues, nem qual era a favela, só ficaram me encarando o tempo todo.

Esse dia ficou marcado para mim, pois fiquei na delegacia por horas, sem saber o que faria em seguida e para onde iriam me levar. Ismael ficou comigo o tempo todo, largou o serviço por um dia e ficou na delegacia, para conversar com a polícia sobre o que pretendiam fazer.

Ao amanhecer do dia seguinte, fui qualificado como órfão e levado para o orfanato da cidade. O orfanato tinha as paredes cinzentas e feias, janelas com grades e portas enormes de madeira. Para mim, parecia mais uma prisão, com uma visão triste e caída, um verdadeiro caminho sem volta.

Era pequeno ainda quando tudo aconteceu, mal sabia como andar nas ruas direito. Só me lembro de chegar ao orfanato e ir para uma sala de brinquedos, enquanto os policiais conversavam com a diretora do lugar. Em menos de uma hora, olhei para fora e vi, saindo pelo portão de ferro e enferrujado, os policiais, juntos a Ismael, que acenou para mim ao chegar à rua.

Entrou, na sala onde eu estava, uma mulher aparentando ter uns sessenta anos. Não era uma mulher bonita, tampouco delicada. Aquela figura ficou marcada em minha mente durante anos, e até peguei um ódio mortal daquela mulher rabugenta. No primeiro dia que fiquei no lugar, todos me trataram bem. No meu quarto havia sete camas, porém apenas cinco estavam ocupadas, contando com a minha. Não posso negar que aquele orfanato era grande e vazio, deixando-me bastante constrangido pelo tempo que estava ali.

Olhava os bebês sendo adotados, e eu ali, ainda sem nenhuma oportunidade ou entrevista com algum casal que não podia ter filhos e que pretendesse adotar alguma criança. Em todos os dias e anos que permaneci no orfanato, fiquei imaginando formas de fugir daquele lugar. Fiquei preso àquele terrível ambiente durante seis anos, até um dia em que, junto com alguns amigos, planejei uma fuga no meio de uma noite chuvosa.

Não era a primeira vez que tínhamos essa ideia de sair do orfanato e vivermos livres, sem ninguém para nos contrariar ou estabelecer regras. No dia catorze de novembro, numa noite chuvosa e fria, saímos do nosso alojamento por volta das vinte e três horas. Tínhamos um pouco de dinheiro guardado para gastarmos com comida e algumas roupas novas, até que arranjássemos algum trabalho.

Estava tudo esquematizado, sairíamos do quarto pela janela, depois de forçar algumas grades, e desceríamos pela escada de emergência. Ao chegar no chão, percorreríamos o caminho até o muro pelas laterais do orfanato, pelo qual chegaríamos a uma mureta mais baixa, que daria para pular.

Éramos quatro: eu, Felipe, Josué e Cláudio. Todos tínhamos a mesma idade e estatura. Não teríamos problemas nessa nossa missão. Chegando à mureta, Cláudio e Josué não conseguiram pular, pois a parede estava escorregadia e o chão muito encharcado, sendo que tinha um gramado no local, e, em menos de dez minutos, apareceu, na porta da frente, a senhora Rabugenta, Dona Marta.

De cima do muro, tentamos puxar os dois a tempo, mas não conseguimos. Sem forças, eles desistiram e nos falaram para irmos rápido, senão a diretora nos apanharia.

Depois que pulamos para o lado de fora, ouvimos os seguranças do local se aproximarem e capturarem nossos dois amigos, e, posteriormente, abrirem o portão enferrujado. Fomos mais rápidos e chegamos a uma via marginal, então nos escondemos debaixo de uma ponte, que ligava o centro da cidade a um bairro rico.

Aquela noite também ficou para a história, pois nunca tinha sentido tanto medo e tanto frio ao mesmo tempo. O dia amanheceu sem nuvens no céu e com um sol sorridente. Felipe dormiu ao meu lado a noite toda e me acordou quando eram sete horas da manhã.

Saindo daquele lugar, fomos para o centro da cidade, procurando por algum lugar barato para tomarmos café e trocarmos de roupa. Chegando a um bar, comemos e bebemos a coisa mais em conta do cardápio, não me lembro muito bem o que era. Depois, fomos a uma loja bem simples da cidade e trocamos nossas roupas por algumas limpas e melhores. Ainda tínhamos dinheiro para alugar algum quarto, mas precisávamos economizar para a comida.

O dia passou, e fomos à procura de algum emprego, ou mesmo de um bico, para ganharmos algum trocado, porém nada nos apareceu. Eu tinha apenas dezesseis anos, e ninguém queria um menor de idade para trabalhar, mesmo não sendo com carteira assinada, pois não tinha nenhum documento, quem ia confiar em mim?

Alguns dias se passaram, e nada apareceu. Felipe já tinha se cansado dessa vida e foi buscar outro caminho, um caminho em que eu nunca teria entrado e que, com certeza, nunca vou entrar. Insatisfeito com a mudança que fizemos, foi procurar alguns conhecidos num bairro pobre. Os tais conhecidos eram traficantes e ofereceram um emprego ao meu querido amigo. Eu não conseguiria, nem que quisesse, entrar nesse mundo. Até parece que eu entraria num mundo que causou a morte de meus pais e que fez com que eu ficasse abandonado!

Segui a vida sozinho, novamente, porém essa vida não era apenas dois dias sozinho em casa. Não consegui nenhum emprego e, por fim, resolvi pedir esmolas. Apenas com dezesseis anos, eu já morava nas ruas da Grande São Paulo. Durante esses anos, conheci muitas pessoas. Olhava em seus rostos enquanto passavam, muitas vezes apressadas, pelas ruas da marginal Tietê, mas não via vida em suas faces.

Nos últimos tempos em que vivi na rua, morei debaixo de uma ponte, alimentando-me apenas de manhã, com o dinheiro que conseguia pelas ruas, e, à noite, num albergue da cidade, que me servia um prato de sopa e um copo de suco por dia. Não era muita coisa, mas era o suficiente para, pelo menos, sobreviver. Muitos passaram pela minha vida, mas ninguém se interessou em me ajudar ou tentar me tirar desse mundo em que me meti.

O tempo em que fiquei nas ruas foi suficiente para saber o que se passa nas madrugadas frias e solitárias, quando quase todos os cidadãos estão em casa, debaixo das cobertas e assistindo à tevê. Vi de tudo, desde drogados tentando roubar algum outro drogado ou mendigo, para conseguirem droga, até traficantes que, cansados de dívidas, davam "um jeito" nos seus piores clientes.

Também havia aqueles que distribuíam cobertores e algum alimento quente para os moradores do caminho. Esses, sim, eram respeitados e mereciam meu respeito. Não falo isso porque me ofereciam comida e cobertores, mas porque tinham a coragem de estar ali, sem ganhar nada em troca. Muitas vezes, vinham à tarde para não enfrentarem a violência de alguns que ficavam por ali, mas mesmo assim eram meus salvadores.

Tenho de admitir que foram anos muito ruins, pois não havia felicidade, somente a satisfação de receber um prato de comida. Muitas vezes, pensei em voltar para o orfanato, mas a ideia não chegava a ter efeito em minha cabeça, afinal, não era mais possível fazer isso, e eu não queria voltar para aquele inferno. Também me lembro dos meus dois amigos, Claudio e Josué, que não conseguiram fugir conosco.

Às vezes, penso que foi melhor para eles. Cometi um erro em pular aquele muro e sair daquela situação, pensando que as coisas melhorariam, pois não sabia o que me esperava do lado de fora daquele cercado tristonho. Algumas vezes, via meu amigo Felipe pelas ruas, mas não tinha mais coragem de falar com ele.

Na verdade, tinha medo dele. Era meu amigo, mas se perdeu naquele mundo tão terrível, que nem poderia imaginar a sua situação. De uma coisa eu sei, prefiro ser um pobre morador de rua, sem rumo a tomar e com uma certa indecisão sobre qual caminho seguir, do que ser alguém de quem não me orgulhe.

Com vinte e um anos, novo ainda, eu tinha uma grande jornada pela frente. Mas não sabia qual seria essa jornada. Não tinha sequer uma religião, imagine uma missão a cumprir, e desisti de correr atrás de um emprego e da vida.

Por isso, uma vez me encontrei à beira do abismo,

na verdade, à beira da ponte. Encontrava-me cansado de viver nessas condições. Não tinha mesmo futuro, para que ficar sofrendo se não iria resultar em nada? Mas eis que, em dado momento, percebi que, em minha cabeça, ouvia algumas vozes. E elas diziam:

— Vamos, pule! Estamos esperando por você deste lado!

— Não fique aí parado! Vai acabar com isso hoje ou não?

— Vamos logo! Faz alguns anos que esperamos pela sua iniciativa!

Essas vozes eram tão raivosas, que não passavam qualquer sinal de amor ou simpatia. Pareciam ser de pessoas que desejavam que eu pulasse e que estavam comigo havia algum tempo.

Porém, quando estava quase pulando, olhei para o lado e avistei um senhor. Um senhor com uma barba branca e comprida, tão comprida que chegava ao fim do pescoço. Esse homem, que nunca vi pelas ruas, e que tinha uma luz imensa, veio se achegando até onde eu estava de pé e me disse:

— Meu filho, por que quer fazer isso? Não vê que é o caminho errado a ser seguido?

Eu não respondi, porém, permaneci tentando imaginar de onde aquela criatura tinha vindo e por que estava conversando comigo.

Ainda assim, o senhor insistiu:

— Ó, meu irmão, desça desse abismo que o consome e venha até este banco conversar comigo! Sei que a sua vida não está nada fácil, não é mesmo, Eduardo?

O quê? Como aquele senhor, de uma luz tão grande e assustadora, sabia o meu nome? E o que será que queria, tentando me fazer conversar com ele?

Então, desci de onde estava e fui até o banco no qual o senhor havia se sentado. A roupa daquele homem parecia luminosa e toda limpa. Não conseguiria descrevê-la totalmente, mas era uma túnica branca e azul clara, parecendo até uma roupa de outro mundo.

No entanto, eu não ligava para o tal fato de ser de outro mundo, afinal, também não pertencia mais a este, por não me encaixar no modelo de vida daquelas pessoas frias e apressadas. Quando cheguei mais perto do homem, senti um calor dos pés até a cabeça, como se meu coração estivesse bombeando mais sangue, e esse sangue liberasse energia pelas veias e artérias de meu corpo.

Permanecemos calados por alguns instantes, até que o senhor me tocou a mão esquerda e disse:

— Meu filho, sei que não me conhece e que não sabe por que estou conversando com você, mas sabe que pular desta ponte não resultará em nada! Muitos são aqueles que o acompanham em seu caminho, porém, na maioria das vezes, você não os vê, somente os ouve, estou certo? Bem, essas vozes pertencem a almas endurecidas, que já se foram deste mundo para o plano espiritual. Estão querendo que você vá com eles, pulando dessa ponte, mas não é o certo a se fazer.

Meio confuso com as palavras que o senhor me falava, exclamei:

— Senhor, sei que está tentando me ajudar, mas não acredito nessas coisas, não acredito em um Deus, nem em Espíritos. Só acredito que esta vida não é para mim e que o melhor a se fazer é deixá-la para trás.

O senhor, persistente em suas palavras, por fim, fez-me crer em algo muito difícil de acreditar:

— Sim, meu filho, sei que não concordas com as minhas palavras, mas pensa! Com certeza, já percebeste que as outras pessoas que por aqui passam não me veem? Elas não conseguem me enxergar porque também sou como aqueles Espíritos endurecidos, porém trabalho para o bem e tento ajudar pessoas como tu a não cometerem o mesmo erro que esses Espíritos cometeram!

Por um momento, fiquei confuso demais, mas, depois, veio uma luz em minha mente, como se tudo se esclarecesse, juntando os pedaços das palavras que aquele senhor dizia e fazendo-me crer em suas ideias. Como se ele soubesse dos meus pensamentos, falou:

— Vai até aquele banco ali na frente e pega um livro que está no canto direito. Poderás abri-lo em qualquer parte... tu sabes ler?

E, tendo eu respondido afirmativamente, o senhor continuou dizendo:

— Pois bem, pega aquele livro e leva-o com você. Ele te ajudará, e muito. Ainda assim, precisarás de mais ajuda, mas não ficarás sem rumo, a ajuda aparecerá no momento certo!

E, como num passe de mágica, o tal senhor desapareceu, enquanto eu olhava para o banco. Fiquei pensativo entre ir até o banco ou não. Então, resolvi ir, pois não tinha nada a perder; seria melhor do que ficar ali sem fazer nada e ouvir aquelas vozes novamente. Se bem que, havia algum tempo, não as ouvia mais; desde quando aquele senhor chegou até mim, elas pararam de vir à minha cabeça.

Sentei-me no banco e peguei nas mãos o livro que ali estava. Era um livro não muito grosso e, por consequência, leve. Antes de ler, com algum esforço, o título do livro, imaginei tratar-se de uma bíblia, mas já tinha visto uma bíblia antes e não era daquele jeito. Depois, pensei que podia ser um livro de alguma seita, mas, ao terminar de ler o título, percebi tratar-se de um livro espírita: *O Evangelho Segundo o Espiritismo*.

Veio à minha cabeça, então, a figura do senhor com quem conversara e abri em uma página qualquer. Não me lembro qual era a página, só sei que demorei mais de trinta minutos para ler um trecho do tópico. Algum tempo depois, veio até mim uma outra pessoa, porém essa não era como o senhor de barba branca, mas, sim, um gari que estava trabalhando por ali e veio me falar sobre o livro que estava em minhas mãos. O homem, que aparentava ter lá uns quarenta e cinco anos, chamava-se Antônio. Foi ele quem colocou o livro no banco e veio conversar comigo, vendo a minha situação.

— Boa tarde, meu jovem! Vejo que pegou o livro que coloquei aí.

Eu, vendo que o livro era dele, estendi a mão para lhe entregar, mas ele rejeitou.

- Pode ficar com ele, eu o coloquei aí de propósito. Esse livro me ajudou muito, e agora tudo o que me resta é ajudar as pessoas que precisam de uma luz no meio da escuridão. Meu rapaz, fiquei observando você quando estava em cima daquela ponte e percebi que estava fazendo o mesmo que fiz há dez anos. Estava cansado e não sabia mais se eu pertencia mesmo a este mundo, então resolvi acabar com a minha vida de uma vez por todas, e iria pular dessa mesma ponte. Mas algo não me deixou cometer o suicídio, pois uma senhora veio até mim para me dizer o que fazer. Nunca tinha visto aquela senhora antes, e o mais engraçado e assustador foi que ela me conhecia! Nesse mesmo banco, encontrei o livro que alguém tinha deixado para que quem o encontrasse desfrutasse de suas ideias, como deixei agora para você!

Perplexo com a situação, fiquei mudo por alguns instantes, não sabendo como reagir. Percebendo o meu constrangimento, o gari continuou:

— Creio que você está com fome e sede, e também que precisa de um emprego e um lar. Aqui está o meu almoço e um suco que comprei naquela padaria.

Estendendo a mão, deu-me o suco e uma marmita. Eu estava faminto e não pude deixar de aceitar. O homem ainda leu uma parte do tal Evangelho, e fiquei ouvindo enquanto comia e bebia.

Ainda assim, ao final da leitura, ele me disse:

— Se você quiser sair dessa situação em que se encontra, posso lhe arranjar um emprego como gari nas ruas;

não ganhamos muito, mas será o suficiente para você recomeçar a vida.

Assim, aceitei o conselho do homem. Ele me levou até a prefeitura, onde eu deveria apresentar alguns documentos para entrar na empresa. Porém, não tinha nenhum documento e fui para a delegacia, onde fiz um boletim de ocorrência e consegui retirar meus documentos.

Na segunda-feira de manhã, já estava trabalhando com meu novo amigo Antônio. O salário era razoável e dava para sobreviver, principalmente para mim, que vivia de esmolas. Trabalhando com Antônio, descobri que ele era espírita e um homem de bom coração, que ia ao Centro às quintas-feiras e sempre me convidava para acompanhá-lo.

Certo dia, ao me convidar novamente, aceitei o convite e fui. Afinal, um homem como ele só poderia frequentar bons lugares e, depois de ler muitas mensagens daquele livro, percebi que a tal religião era muito boa, baseando-se sempre na caridade e no amor ao próximo.

O Centro ficava num bairro simples da cidade, a alguns quarteirões da casa de Antônio, onde me hospedei por algum tempo. Chegando ao Centro, entramos em um salão onde estavam umas trinta pessoas. Sentamo-nos na última fileira e ficamos esperando. Eu não sabia o que esperávamos, mas Antônio, sim. Alguns instantes depois, um rapaz se dirigiu à frente, e entendi que seria uma palestra.

A palestra demorou cerca de quinze minutos, e, ao seu término, fomos até uma sala, que estava com a luz fraca e tinha paredes azuis. Nela, estavam cinco pessoas em pé, cada uma com uma cadeira na frente, com o encosto voltado para si. Sentei em uma das cadeiras e fechei os olhos. Um senhor veio à minha frente e posicionou as mãos em minha cabeça. Segundo Antônio, isso se chama Passe, e faz com que você se sinta bem melhor. Antônio explicou-me que ele renova as energias, mas nunca entendi muito bem o que isso significava.

Após o passe, pegamos um copinho com água fluidificada e saímos da sala. No caminho de volta para casa, Antônio me explicou que o passe renova as energias, tanto do corpo quanto do Espírito. Ainda há os passes de cura, que conseguem melhorar feridas e doenças, também amenizando as dores dos doentes.

Percebi que ele estava curioso, e não demorou muito para que me perguntasse algo:

— Eduardo, o que o fez sair daquela ponte e vir até o banco para pegar o livro?

Eu, ainda um pouco leve por causa do passe, respondi sinceramente:

— Se eu falasse antes, você não iria acreditar. Quando estava em pé na mureta daquela ponte, ouvi vozes de incentivo para que eu pulasse, e eram vozes meio raivosas e nada agradáveis. Depois de certo tempo na mesma situação, um senhor de barba e roupa branca veio até mim e me chamou para conversar. O mais estranho foi ele saber meu nome e meus pensamentos. Percebi também que as vozes sumiram, e uma coisa boa veio à minha cabeça, um calor de outro mundo!

Antônio, que caminhava enquanto olhava para mim, permaneceu calado, como se dissesse para que eu continuasse:

— Então, esse senhor disse para que eu fosse naquele banco e pegasse o livro que estava ali. Depois, falou que a ajuda que eu necessitava estava por vir, que era para eu acreditar!

Quando concluí minha fala, meu amigo disse, finalmente:

— Pois bem, você é um médium, meu irmão! Os médiuns são aqueles que conseguem ver os Espíritos, falar com eles ou até mesmo escrever o que querem transmitir. Isso é uma coisa boa, e foi por causa da sua mediunidade que você conseguiu ver aquele senhor de barba branca e, assim, sair daquela situação. Na verdade, até mesmo os que não possuem a mesma mediunidade que você podem ser ajudados.

No começo, fiquei assustado por eu ser um médium, mas, depois, gostei da ideia, pois assim conseguiria saber e conhecer mais sobre a Doutrina Espírita. Assim sendo, comecei a frequentar o Centro Espírita, com meu amigo, às quintas-feiras à noite. Depois, a pedido de Antônio, comecei a estudar a doutrina aos sábados de manhã, iniciando por aquele livro que encontrei no banco, o Evangelho. Mais tarde, fui para *O Livro dos Espíritos*. Os estudos de sábado eram referentes aos livros de Allan Kardec, que foi o Codificador da Doutrina Espírita.

Aprendi, enquanto estudava as suas obras, que todos somos médiuns, porém, em alguns a mediunidade se manifesta mais. A mediunidade é um instrumento de trabalho quando colocada nas mãos certas, e devemos usá-la para o bem, não aceitando nada em troca da nossa ajuda. Além do mais, um ensinamento que ouvi muito enquanto ia ao Centro é "Dai de graça o que de graça recebestes".

Um dia, deparei-me com um cadeirante na rua. Vi uma tristeza muito profunda em seu olhar, a mesma que eu sentia quando queria acabar de vez com meu sofrimento aqui na Terra. São em situações como essa que vemos que a nossa vida é cheia de escolhas e oportunidades, e que, juntamente com essas oportunidades, vêm muitas lições.

O cadeirante estava tentando subir na calçada, porém, não havia nenhuma rampa, nem mesmo um acompanhante para ajudá-lo naquele momento. Estava trabalhando como gari há algum tempo e quis praticar o que havia aprendido em minhas visitas ao Centro Espírita. Pedi licença ao cadeirante, para que pudesse ajudá-lo, mas fui tratado de uma forma não muito agradável:

— Boa tarde, meu senhor, posso ajudá-lo a subir na calçada?

— Deve! Está aí parado fazendo o quê? E outra coisa: espero que você não queira nada em troca, pois não vou lhe dar nenhum trocado!

Eu, como havia aprendido em meus anos de estudo, fiquei calmo, não perdi a paciência e continuei:

— Senhor, a sua gratidão por tê-lo ajudado vale mais que todo o dinheiro do mundo. Sei que pode estar triste, e eu também estava há uns anos, não sabendo mais o que fazer. Porém, conheci outro caminho, mudando totalmente a minha história, que não tinha mais futuro.

— Ei, não estou interessado em suas histórias! Vai me ajudar ou não?

Ainda calmo, respondi, enquanto levantava a cadeira:

— É claro, meu irmão. Sei que a vida não está fácil, e muito menos alegre, e não sei como é estar numa cadeira de rodas, mas, anos atrás, estive à beira da morte e espero que a sua tristeza não o sucumba a ponto de levá-lo para o mesmo caminho.

E continuei:

— Meu senhor, o que aprendi foi muito gratificante e glorioso. Não faço essas ações para aparecer ou simplesmente para me destacar como boa pessoa. Eu ajudo os outros por ser grato pelo que me fizeram. Ajudaram-me sem olhar para o meu rosto e sem perguntar quem eu era, por isso não perguntei seu nome, nem quem o senhor é. Mas vá com Deus, Ele sempre nos acompanha e pode guiá-lo para outro caminho!

Sem palavras, o tal senhor ficou quieto, pensando em tudo o que eu tinha lhe falado. Via que a sua expressão de revolta tinha se transformado, demonstrando agora gratidão. Sua face finalmente tomou um tom rosado e bonito.

O senhor aparentava ter uns setenta anos, parecendo ser um homem com poucos amigos e que vivia na solidão. Porém, agora poderia ter em mim um amigo. E começou a desabafar, falando-me:

— Desculpe-me, meu filho, tenho estado muito ruim e triste. Perdi o movimento das pernas há algum tempo, não muito, mas o suficiente para me tornar um tanto rabugento.

Nessa hora, o senhor começou a chorar, mas, ainda assim, continuou:

— Não tenho mais família nem amigos, mas obrigado pelo seu ato de bondade. Com ele, vi o quanto estava sendo arrogante e ignorante. Por favor, desculpe-me a grosseria, você me parece ser um homem de bem, espero encontrá-lo ainda.

O cadeirante ainda tentou me oferecer algumas moedas. Porém, não as aceitei, afinal, não fiz aquilo esperando algo em troca. Depois que recusei, ele percebeu mesmo que eu tinha feito aquilo pelo sentimento de gratidão, pois não há nada melhor do que o que sentimos após ajudar alguém.

Agora sei como é importante essa religião em minha vida. Com ela, comecei a viver e a aprender ao mesmo tempo, porque a vida ensina uma nova lição a cada dia. Como sou grato por ter abandonado aquela ideia suicida!

Depois de alguns sábados, fui para outro departamento, o de assistência social. Lá, ajudei a fazer cestas básicas para pessoas de baixa renda, que não tinham um emprego ou que não ganhavam o suficiente para sustentar a família e necessitavam de uma ajuda. Além disso, ajudávamos a fazer uma alimentação para ser servida ali, pois oferecíamos às pessoas assistidas um curso de artesanato ou algo que as agradasse, para que pudessem aprender alguma outra função para o seu sustento.

Ajudei a fazer as cestas e a alimentação por muito tempo, principalmente na época de Natal, quando apareciam mais pessoas para serem atendidas, sendo que muitas delas vinham somente para receber a alimentação.

Depois de muito ajudar nessa área do Centro, fui para outra, a que evangelizava crianças a partir de cinco anos, tanto crianças carentes quanto filhos daqueles que iam ali para tomarem passe ou fazer o estudo de quinta-feira.

Algum tempo se passou, e fui convidado para trabalhar nas reuniões mediúnicas. No momento em que aceitei o convite, não sabia ao certo o que era aquilo na prática, pois havia aprendido nos estudos apenas a teoria básica sobre esse assunto, mas, depois, fui descobrindo a grandeza que era o trabalho. Além disso, proporcionava aos médiuns e aos que ali iam uma grande paz e enorme vibração de amor.

As reuniões mediúnicas eram realizadas nas terças-feiras à noite. Não havia muitas pessoas presentes, somente, reunidos ao centro da sala, alguns médiuns, que se comunicariam com os Espíritos através deles próprios. Além dessas pessoas, havia também outros médiuns para dar sustentação, através de energia mental e moral, ao trabalho.

Uma coisa que aprendi enquanto estudava no Centro é que não existe o termo incorporação, mesmo porque, há a diferença de planos, material e espiritual.

Enfim, encaixei-me no grupo de sustentação, no início. Depois fui para o de comunicação mediúnica. O melhor sentimento é o do trabalho cumprido ao final de cada dia. Muitos eram os Espíritos que ali iam e eram esclarecidos e auxiliados, a maioria deles, ainda endurecidos no sentimento, buscava um caminho diferente, outro rumo a tomar.

Via-se outra esfera, não a mesma sala em que estávamos quando a reunião começara. Eu via um hospital espiritual, que tinha muitos doentes na fila. Esses doentes eram os que vinham para serem ajudados, através da doutrinação.

Permaneci nesse trabalho até a minha desencarnação. Queria ter ajudado mais nos atendimentos às pessoas na casa, mas adoeci no começo de janeiro de 1980. Os médicos não sabiam o que fazer, e eu também não. Apesar de tudo, estava tranquilo, pois o que aprendi foi que nenhuma folha cai da árvore sem que seja pela vontade do Pai.

A doença que acometera o meu corpo era o temido câncer. Essa doença tão maligna atingiu meu pulmão, alastrando-se até a bexiga, e, em pouco tempo, estava no hospital, internado em estado terminal. Eu me perguntava por que eu tinha que ter uma doença tão horrível como aquela. Em um dia estava à beira do abismo, e em outro, à beira da morte, mas agora não queria morrer.

Eu sabia que a morte não existe, mas é natural que tenhamos medo dessa passagem para o verdadeiro lado da vida. Numa determinada hora, olhei para o lado e vi Antônio sentado, quase dormindo, no quarto onde eu estava internado, e, virando-me para o outro lado, vi uma senhora simples e bonita. Nunca tinha visto uma figura tão bela em minha vida.

Após alguns minutos, pensei que era uma alucinação, pois os remédios e a morfina que tomava atingiam minha cabeça e minha visão ao mesmo tempo. Porém, a imagem daquela senhora ainda voltava à minha mente e, desta vez, ainda mais realista. Por um instante, vi-me em outro lugar, com um gramado verde e um céu azul sem fim.

Mal sabia que chegara a um hospital no plano espiritual, numa zona perto da Terra. O hospital era bem aconchegante, e aquela mulher não era nada mais nada menos que a minha mentora espiritual. Com toda a certeza, aquela mulher já sofrera muito em minhas mãos, tanto trabalho que lhe dei...

Naquele momento, senti como se meu corpo estivesse anestesiado, fechei os olhos e não senti as minhas mãos, nem meus pés. Tentei mexer meu pescoço, mas parecia estar tão pesado quanto um elefante. Mal sabia eu que já tinha desencarnado e deixado meu corpo físico no hospital, onde meu amigo descansava.

Por um instante, senti algo em meu peito, como se alguém estivesse debruçado em mim, chorando. E ouvi, com meus ouvidos do corpo espiritual, alguém me chamando e, logo depois, a voz de Antônio, ainda em um tom bem baixo, mas claro.

— Bem, meu amigo, chegou mesmo a sua hora! Trabalhe bastante, pois esse é o verdadeiro lado da vida, e o mais importante também! Orarei por você, mas penso que logo teremos notícias suas! Vá em paz.

Depois de algum tempo, acordei num quarto limpo e com paredes claras. De frente à minha cama, tinha uma janela sem cortinas. Dessa janela, via-se um jardim lindo e florido. Também tinha um lago pequeno e algumas pessoas em volta dele.

Olhei para o lado e vi a mesma senhora que estava no hospital. Minha mentora tinha me acompanhado até ali. Logo que acordei, ela colocou sua mão em minha cabeça, e, no mesmo instante, adormeci novamente.

No outro dia, acordei mais alegre e disposto. Olhei para a mesa ao lado e havia nela um copo com água e uma sopa, parecendo bem rala. Bebi aquela água, mas não tomei a sopa, pois não sentia fome.

Alguns minutos se passaram, e minha mentora retornou. Seu nome era Beatriz e tinha me acompanhado por toda aquela encarnação, e agora estava ali para me apresentar o lugar e também os trabalhos que realizavam.

Enquanto encarnado, tinha tomado conhecimento sobre esses trabalhos e sobre a vida após a morte. Aquele peso que senti enquanto estava em transição entre o corpo físico e o espiritual já havia desaparecido. Estava, enfim, mais leve e mais alegre. Percebi que as feridas e úlceras que havia em meu corpo, por conta da doença e de seu tratamento, estavam cobertas com uma gaze, mas não doíam.

Algum tempo se passou, não sabia ao certo quantos minutos, horas ou dias, pois ali não havia relógio, e os dias pareciam mais longos. Ao acordar, soube que já tinha se passado um mês da minha desencarnação, e Beatriz estava ao meu lado, esperando-me para fazer uma caminhada. Levantei-me da cama e fui.

O lugar era lindo, e eu não encontraria palavras para descrevê-lo, apenas conseguia senti-lo. Fomos até um pomar, perto do lago que avistei da janela de meu quarto, nos sentamos e ali ficamos.

Sentia uma paz inesquecível, meus pés estavam descalços no gramado, mas aquilo não parecia um gramado, e sim um chão de algodão, de tão leve e macio que era. Além disso, vinham pássaros de todas as espécies e cores para perto de nós. Não havia ninguém querendo caçá-los, pois sua beleza era tão grande que ninguém queria tirá-los daquele lugar.

Ficamos ali durante horas, ouvindo o som do cantar dos passarinhos e das folhas das árvores, que se mexiam e caíam com o vento. Foi tempo suficiente para pensar que fiz o certo em escutar aquele senhor e não cometer aquele mal que me colocaria num lugar muito ruim.

Apesar de tudo, sentia pena de meu amigo Felipe, que tinha ido para o lado da criminalidade. Nunca mais tive notícias dele, porém sabia que ainda estava encarnado.

Beatriz logo falou:

— Sei que está se recuperando ainda, mas tenho alguns trabalhos para lhe oferecer. Como na Terra, aqui temos de trabalhar para conseguir algum espaço. Você vai ficar em minha casa, pois sou sua guia. Pode ficar o quanto for necessário. Aqui somos todos do bem.

Eu ainda exclamei:

— Tudo bem, eu agradeço. Já fiquei muito tempo hospedado na casa de meus amigos, por não ter o suficiente para ter a minha. Vamos trabalhar!

Terminado o diálogo, fomos até um hospital, onde

atendiam àqueles que chegavam ali de maneira violenta, como um acidente, ou resgatados do umbral.

Em pouco mais de uma semana, aprendi como trabalhar naquele lugar e já comecei a exercer uma função, junto a minha mentora. Sabia que outro caminho se abriria para mim a partir daquele momento.

Algum tempo depois de estar ali trabalhando, veio-me, à memória, minha mãe e meus irmãos. Meu pai me viera também, mas como uma figura não muito boa. Queria saber mais sobre o que aconteceu depois da desencarnação deles e para onde foram meus irmãos.

Para isso, comuniquei à Beatriz sobre essa minha curiosidade. Assim, levou-me até o centro da cidade espiritual, onde fomos até um local onde ela acionou uma espécie de computador, que, pela aparência, mostrava-se bem mais adiantado do que os que pude conhecer na Terra. Na verdade, as tecnologias eram tão avançadas que não conseguia encontrar palavras para descrevê-las.

Então, ela procurou pelos seus nomes e descobrimos que meus pais ainda estavam nas profundezas do umbral. Não havia forma de encontrá-los, pois, segundo Beatriz, quem teria de procurar a luz eram eles. Oferecemos o amparo necessário, mas eles teriam de ter a iniciativa de se melhorarem.

Ainda perguntei sobre meus irmãos, e, para a minha surpresa, ainda estavam encarnados. Beatriz explicou que estavam na favela em que meus pais foram mortos, morando com pessoas que os protegeram. Uma família adotou Letícia e José, e eles tocaram a vida, não ligando para a minha existência.

Em um dado momento, minha cabeça voltou ao tempo em que estive no orfanato, e pensamentos ruins me vieram, inclusive culpando meus pais por tudo. Porém, alguns instantes depois, minha mente se acalmou. Não era preciso tanta raiva e ódio assim, pois tive minhas escolhas junto ao meu livre-arbítrio e não posso culpar ninguém por isso.

Queria ter ajudado mais meus pais, mas ainda não conseguiríamos atingir as profundezas do lugar onde estavam. Quem sabe um dia nossos caminhos ainda se entrelacem, e terei, assim, a chance de ajudá-los.

Por ora, o que nos resta é rezar. A fé destrói barreiras e, quem sabe assim, possa romper a barreira da escuridão dos olhos de meus pais para conseguirem enxergar a luz!

Hoje, ainda trabalho no plano espiritual. Já se passaram algumas décadas da minha desencarnação, e, como tudo tem um recomeço, não permanecerei aqui por muito tempo. Estou me preparando para voltar, e uma das minhas missões é construir um orfanato. Porém, um que seja acolhedor, aconchegante e amoroso, diferente daquele em que fiquei durante anos.

Agora sei que tudo o que fazemos enquanto encarnados reflete em nossas vidas depois da passagem para a verdadeira dimensão. Por isso, meu amigo, pense bem antes de fazer algo que possa comprometer o seu futuro ou a vida de alguém. E também se lembre de que plantamos diferentes sementes nos campos terrenos. Porém, quando chegamos aos campos divinos, recolhemos todos os seus frutos, sendo eles bons ou ruins.

Meu nome é Eduardo, tive uma história um pouco complicada, mas espero que a sua seja diferente da minha. Muitos caminhos podem aparecer como sendo mais fáceis de seguir. No entanto, siga aquele mais correto e não pare nunca de trabalhar!

Ah! Mais uma coisa: nunca perca a fé, pois, como dizem, a fé move montanhas. Quem sabe assim ela possa mover alguma que esteja em seu caminho ou ajudá-lo a subir.

Ian Costa Flores
PILOTO

Tudo o que vou lhe contar aconteceu. Não espero que você acredite, mas aconteceu! Seu julgamento não vai mudar em nada, pois podemos passar horas aqui discutindo sobre o que é a verdade, o que é a mentira, o que é o céu e o inferno, o bem e o mal, e tudo aquilo que divide o ser. Teremos que falar sobre moral, Platão, Aristóteles, Kant, Marx, Nietzsche e outros, mas tudo isso só vai parecer cacoete de um jubilado estudante de filosofia, e, sinceramente, não *tô* a fim.

A verdade só aparece quando estamos sozinhos, fazendo ou deixando de fazer algo, essa é a minha opinião, a minha verdade, esse sou eu, com meus desejos e vontades, longe dos conhecidos e de meu fictício *status quo*, esse é o meu eu verdadeiro. Por isso, acredito que você nunca vai me conhecer, nem eu a você.

Mas aqui estamos, você e eu. E, partindo desse papo anterior, provavelmente tudo o que lhe disser pode ser entendido como meia verdade ou meia mentira, como preferir.

Como em um confessionário, quero desabafar, eu não sei quem você é, mas sei que não é nenhum padre ou santo, e você sabe apenas um perfil meu, um contorno, uma silhueta, embora sei que não estamos em uma igreja, sei que você pode me ouvir e me ajudar. Calma, não é nenhuma "*badtrip*". Você logo vai entender.

Para começar, preciso retornar ao dia em que tudo começou:

Eu estava no segundo ano da Faculdade e morava com mais seis pessoas em uma república mista chamada "Poleiro dos Anjos", era 2003. Tinha conseguido um quarto só para mim, um espaço legal, dava para colocar o colchão, minhas roupas, a prancheta com todo meu material de desenho (queria ter sido cartunista), e também tinha um corredorzinho e um minúsculo banheiro.

Parece um privilégio? Mas não era. Tudo dependeu de muita negociação, sem contar que ali era o porão do sobrado, com pouca ventilação e muito mofo, só que, para um estudante recém-chegado, era um paraíso.

As festas ainda eram frequentes na "facul", e, por isso, todos nós acordávamos muito tarde, só que, naquele dia, acordei muito cedo, havia perdido o sono, não adiantava ficar na cama que o sono não vinha, abri o flip de meu celular e olhei: 7h13. Como de costume, só me levanto com um som, adoro curtir música para receber o dia. Peguei meu *iPod*, liguei nas caixinhas de som e fui direito para a seleção de músicas, e, sem pensar, a eleita para receber aquela manhã era: "Hey You", uma maravilha do álbum "The Wall – Pink Floyd". Já de pé, bem no corredorzinho para o banheiro, ouvindo o suave dedilhar do violão elétrico encher o porão, bem na primeira estrofe da música, quando cantarolava com Roger Waters, senti um calafrio, um arrepio estranho como se algo transpassasse meu corpo.

"Hey you, out there in the cold
Getting lonely, getting old
Can you feel me?
Hey you, standing in the aisles
With itchy feet and fading smiles
Can you feel me?
Hey you, don't help them to bury the light
Don't give in without a fight ."

Parecia um recado, um "presta atenção", como se me dissessem: "Ei, cara, acorda!". Um *insight* proporcionado pela música que já tinha ouvido umas mil vezes, e que, naquele dia, me deixou zonzo, como se trouxesse recordações, um *déjà vu*!

"Ei você, lá fora, no frio
Ficando sozinho, ficando velho
Você pode me sentir?
Ei você, de pé nos corredores
Com pés sarnentos e sorriso fraco
Você pode me sentir?
Ei você, não os ajude a enterrar a luz
Não desista sem lutar."

Por que isso agora? Seria culpa pelas faltas e "dps"? Bebendo demais talvez? Essas inquietações duraram apenas alguns segundos, um *déjà vu* incômodo, que não consegui identificar o porquê. Nem cheguei a terminar de ouvir a música e já estava debaixo do chuveiro, com a preocupação e a idealização do meu dia. Que babaca!

Assim que saí do banheiro, parti para colocar em prática os planos elaborados e fui desenhar a charge do dia.

Amo desenhar a Mona Lisa, de várias formas e estilos, sempre com uma frase contundente a espetar. Sentei na banqueta, arrastei-a junto à prancheta, na posição exata do meu conforto, e comecei a desenhar. Estava inspirado, a Mona Lisa dessa vez era ruiva, tinha óculos escuros e uma taça de vinho ao seu lado e, no balão, dizia uma frase do próprio Leonardo da Vinci: *"o amante é movido pela coisa amada, assim como o sentido é movido por aquilo que ele percebe."*

Quando estava quase terminando, perto do último retoque, percebi que, bem do meu lado direito, olhando sobre meus ombros, estava uma mulher com trajes do século XVIII, parecia um Mozart ou sei lá o quê. Tão logo me virei, pude ver seu rosto e a escutei me dizer, sem que abrisse a boca: *"Ele também tinha o dom"*. Com os olhos arregalados, a boca seca e sem voz, o coração a mil, quase caí da banqueta, e a mulher sumiu diante de todo aquele ataque de pânico, mas, ainda assim, pude ouvir dentro de minha cabeça *"procure e encontrará"*.

Saí correndo do quarto, fui para a frente da casa, sentei na mureta do portão, onde o Sol cobria de luz. Fiquei lá quietinho, pensando, tomando um ar, me aquecendo para parar de tremer. Em alguns instantes, cheguei à conclusão de que tudo não passava de minha imaginação ou intoxicação do mofo, por fungos talvez!

Já mais calmo, voltei para dentro, apanhei o jornal

do dia, jogado na área da casa, e fui para a cozinha fazer um café. Ainda não tinha coragem de voltar para o porão.

Enquanto coava um café bem forte, ia lendo as manchetes da capa do jornal. Gostava de ler sobre política e sobre o caderno de cultura. Peguei uma caneca bem cheia de café, para despertar de qualquer pesadelo. Sentei, abri o caderno de cultura e a manchete era a seguinte:

"Descoberta a maior pintura de Da Vinci, oculta sob a parede no Palazzo Vecchi"

Encontrada na parede do Palazzo Vecchi, no salão cerimonial, conhecido como Câmara dos 500, a "Batalha de Anghiari", a maior pintura que Da Vinci realizou em sua vida (a largura do mural tem três vezes mais que a de "A Última Ceia"). Ainda que o trabalho jamais tenha sido concluído - Da Vinci o abandonou em 1506, uma das cenas centrais, que mostra soldados e cavalos em pleno combate, foi elogiada como um estudo sem precedentes dos princípios da anatomia e do movimento. Por décadas, artistas como Rafael visitaram a Câmara dos 500 a fim de contemplar o mural e copiá-lo para referência. E, um dia, a pintura desapareceu. Quando o salão foi remodelado, em 1563, o arquiteto e pintor Giorgio Vasari recobriu as paredes com afrescos que mostravam vitórias militares da família Medici, retornada ao poder. O mural de Da Vinci terminou esquecido. Mas, em 1975, quando Maurizio Seracini estava estudando uma das cenas de batalha pintada por Vasari, ele percebeu a imagem de uma pequena bandeira contendo as palavras "Cerca Trova", ou seja, "procure e encontrará". Será que elas serviam como sinal de Vasari para a presença de algo oculto por sob a sua pintura?...

Abaixei o jornal, deixando que caísse no chão, tomei uma golada de café e me lembrei da mulher vestida de Mozart, e, mais uma vez, aquela sensação do calafrio percorreu todo o meu corpo. E por falar em Mozart, em minha cabeça era como se tocasse o último réquiem que ele compôs, "Réquiem em Ré Menor", uma encomenda anônima que, próximo de sua morte, Mozart desconfiou que houvesse composto para o seu próprio funeral. Será que ele também tinha o dom, como disse a mulher? E que dom é esse?

Por alguns instantes, permaneci sentado, com aquelas informações e o "Réquiem" tocando em minha cabeça. A sensação era a de um soco no estômago, minha vida agora parecia uma mistura de Harry Potter, escrita por Dan Brown e Paulo Coelho. O que é isso?! São coincidências de mais.

Resolvi ir direto para a Faculdade, pois, na biblioteca, tinham muitos computadores conectados à internet. Foi o tempo de enfiar os pés no chinelo, pegar a mochila e um trocado para o "busão".

Assim que cheguei ao ponto, o ônibus já estava passando, entrei meio aturdido, sentei e fiquei divagando sobre os acontecimentos, com os olhos na janela, olhando a cidade, como se ela pudesse me explicar o que estava acontecendo comigo. O calor já era insuportável, eu transpirava sem parar. Quando percebi, estava chegando em frente ao campus, levantei-me para descer junto com uma galera, eu estava bem para trás. O ônibus parou, todos começaram a descer, e, quando me aproximava da porta, escutei: "Ei, você, você. Você aí!" Virei-me para olhar, quase que por instinto, e vi um senhor magro, pele enrugada, sem nenhuma gota de suor, um olhar vivo, vestindo terno das antigas sem gravata, erguendo o braço, segurava na mão um caderno, dobrado ao meio no sentido vertical, e dizia: "Você deixou cair de sua mochila. E, com as mãos firmes, balançava o caderno no ar para que eu notasse."

Não sei bem por que, mas voltei, peguei o caderno, agradeci e desci do ônibus, que saiu em seguida. Enquanto tirava a mochila do ombro para guardar o caderno, percebi que aquele não era meu caderno, não era minha letra. Procurei pelo ônibus, mas só pude ver a sua traseira a mais de vinte metros, olhei ao redor como se procurasse o dono daquele caderno... Era impossível. Deixo na biblioteca, foi o que pensei enquanto guardava na mochila.

Resolvi cortar caminho pelo campus, por entre os pavilhões das salas de aula, o Sol fervia, e assim seria mais curto, rápido e coberto. Foi quando, passando pela porta do primeiro ano, o sarcástico professor Padilha, de "Introdução à Filosofia", me chamou: "Não veio para a aula, *sinhozinho*?", era assim que ele se dirigia a todos os alunos, como se fosse um escravo dos alunos, mas todos sabíamos que ele estava mais para capataz ou capitão do mato. "E, então, não vai entrar, ao menos anote o trabalho", ficou me encarando por cima dos óculos, ele sabia que eu estava de "dp". Entrei.

Enquanto ia para o fundo da sala, ele dizia: "Acabamos de assistir ao filme *Senhor das Moscas*, baseado no livro homônimo do autor Willian Golding, o *sinhozinho* deve se lembrar do filme, assistiu ano passado..."

Apenas balancei a cabeça confirmando. Fui caminhando em direção ao fundo da sala, estava tirando a mochila dos ombros, quando ouvi ele terminar a frase.

"... O trabalho é simples, quero que façam uma analogia livre, com base no filme que vocês acabaram de assistir, e, como versículo bíblico que está escrito na lousa, descrevam a sociedade que vocês enxergam.

"Bíblia?"- pensei e, virando para a lousa, li:

"Entrai pela porta estreita; porque larga é a porta, e espaçoso é o caminho que conduz à perdição, e muitos são os que entram por ela – Mateus 7:13"

"7:13, a porta estreita, meu Deus!"- peguei novamente a mochila e saí dizendo ao professor que já ia para a biblioteca fazer o trabalho.

Corri, literalmente corri para a biblioteca.

O suor escorria pelo meu rosto. Chegando lá, sentei na primeira mesa que vi, era afastada e estava totalmente disponível, tirei o material da mochila e foi aí que me lembrei do caderno. Enxuguei o suor com as mãos e, com cuidado, peguei o caderno, começando a folhear as páginas ao acaso, lendo um trecho aqui, outro ali; foi aí que resolvi começar a ler desde o início, o que me parecia ser muito interessante.

Ali continham estudos espirituais sobre desdobramentos, viagens astrais, várias narrativas, descrições de sonhos, acontecimentos e, já bem na abertura, a frase: *"Cuide-se, mantenha sua mente e seu corpo em sintonia com o bem."*- H. Errante.

Todas as narrativas, estudos e dissertações eram assinados por esse H. Errante, a não ser a do verso da capa, que tinha outra frase bem destacada, assinada por Shakespeare: *"Há mais coisas entre o céu e a terra do que pode imaginar nossa vã filosofia".*

O caderno parecia que conversava comigo.

Um estrondo vindo do céu, um trovão, quebrou o silêncio.

– Acho que, por hoje, podemos parar por aqui. Está bem para você?

– Tudo bem, já me sinto melhor – desabafei - eu sabia que você poderia me ajudar.

– Fico contente. Não foi nenhuma "BadTrip", assim como você me disse, e você sabe que aqui não se trata de discutirmos sobre a verdade, mas de ajudá-lo a se conhecer, sem julgamentos. Quero agradecer por ter confiado em mim novamente. Continue com a medicação e não se esqueça: anote todos os seus sonhos. Na próxima semana, gostaria de saber o que anda desenhando e deixando guardado, pode ser?

– Com o maior prazer, doutor – disse e, fazendo sinal de positivo e apontando para a janela, ainda continuou – Parece que o dia virou noite!

– É apenas uma chuva passageira – o médico estendeu a mão para cumprimentá-lo e encerrou: – Até a próxima.

– Até – respondeu com mesmo gesto, apertando firme a mão do doutor e completando – Parece que é tempestade, doutor!

Ao deixar a sala do médico, a nova secretária da clínica, um pouco despenteada em virtude da ventania que se canalizava pelos corredores, entrou e perguntou ao doutor:

– Esse não é Monalisa, aquele cartunista famoso?

O médico, esboçando um sorriso tímido de empatia e preocupação, disse com respeito:

– Pode ser... Mas aqui, hoje, ele é uma pessoa que está perdida entre dois mundos. Um sensitivo como poucos...

O doutor tinha um olhar distante, a voz mais baixa, meio introspectiva, e continuou:

– Ele precisa voltar a entrar em sintonia com seu dom, saber que não está sozinho. Precisamos dele.

A secretária aturdida, sem entender nada, não sabia o que dizer. Apenas continuou olhando para o doutor, que, sentado em sua cadeira giratória, afastou-se da mesa, ficou em pé, guardou a caneta no bolso do jaleco, sorriu para ela e falou com voz clara e firme:

– Prepare-se para a tempestade.

E saiu pelos corredores de vento assoviando "*Everybody Hurts*".

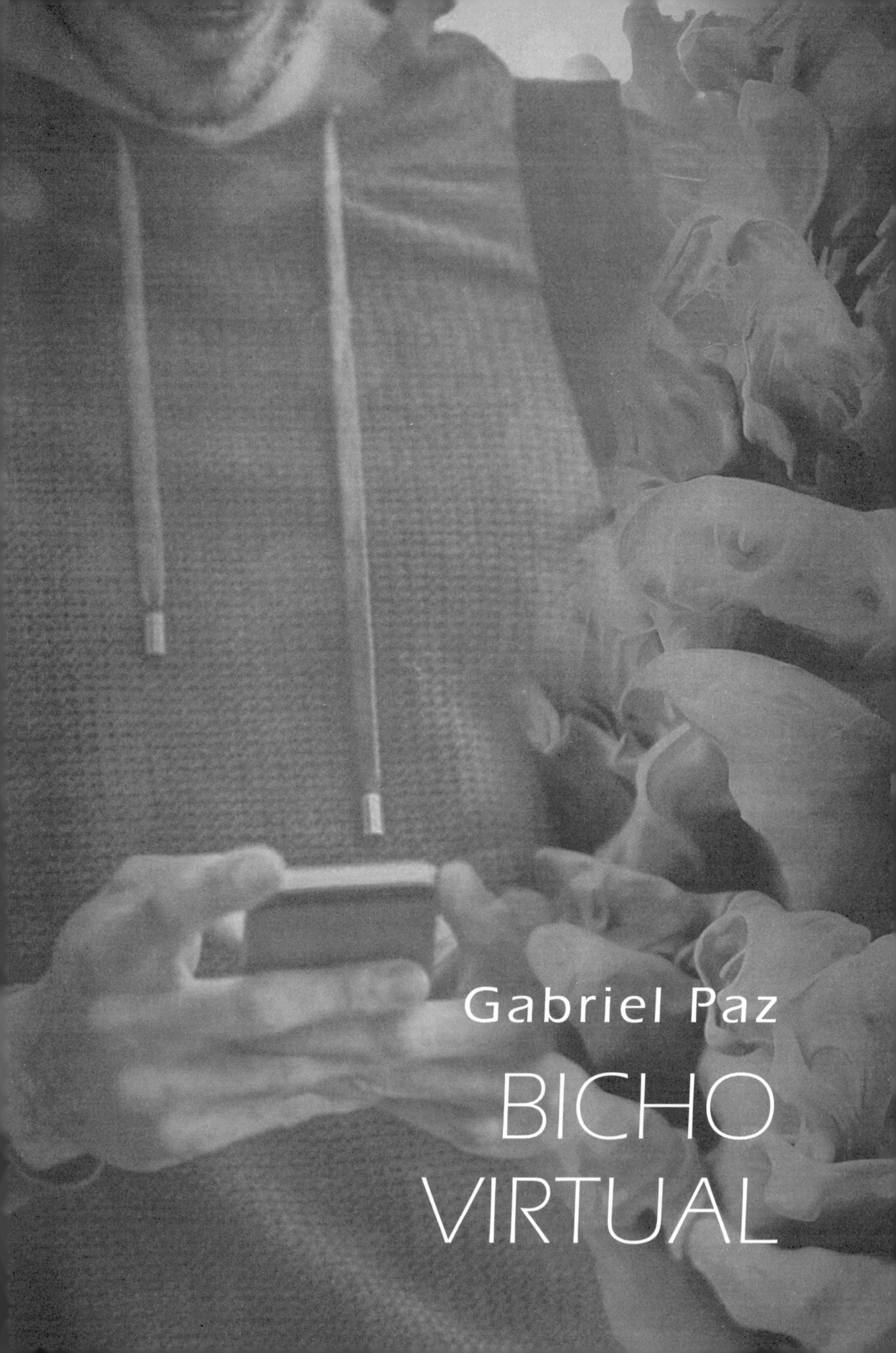
Gabriel Paz
BICHO
VIRTUAL

Eu vivia *online*! Todos os dias! O dia todo!

Não havia uma hora sequer em que eu não olhasse no meu *smartphone* procurando notificações ou mensagens dos meus *amigos*. Eu não tinha ideia de quando foi a última vez que passei um dia sem estar *logado*. Não importava! Quando estava dirigindo, o computador de bordo do meu carro estava em contato com meu celular, avisando-me sobre e-mails, vídeos, *podcasts*, *likes*, e tudo o mais que surgisse nas minhas *timelines*. Eu sempre pensei que fosse uma maneira de eu estar em vários lugares ao mesmo tempo.

Se ia ao cinema, a primeira coisa que eu fazia era o *check-in*. Sem mencionar que comprava as entradas pela internet. Não ficava em filas. Não falava com ninguém. Apenas apresentava o *voucher,* que *printava* no celular. Tirava algumas *selfies* segurando meu balde de pipoca e com os *3D Glass* no rosto.

Eu era popular. Um *post* meu alcançava, nos dias ruins, mais de 500 *likes* e 3.000 *views*. Tinha mais de 4.000 amigos no *Facebook*, 15K de seguidores no *Insta*, e mais que isso no *Twitter*... eu adorava isso!

Vício? Que nada!

Admito que nem sequer me levantava pela manhã sem antes conferir todas as novidades nos meus principais canais. Lia todos os e-mails e, assim, já podia programar todo o meu dia. Minha agenda era toda eletrônica e sincronizada com meu *iPad*, *Laptop* e meu *SmartWatch*.

Eu vivia na *nuvem*, se é que você me entende.

Vida social? Claro que tinha! Já falei! Milhares de amigos! Era praticamente ilimitável! Conversava com pessoas do outro lado do mundo em todo momento. Meu *personal teacher* de Inglês morava na África do Sul. Faço cursos online de ilustração com professores americanos e japoneses, sem sair de casa... Pasmem... o mundo todo estava na minha tela, e eu podia ir a qualquer lugar, falar com quem quisesse, trabalhar, ganhar dinheiro, gastá-lo, passear, etc... sem sair da minha sala.

Eu morava sozinho, sim, mas não me sentia sozinho.

Eu pagava contas, fazia transferências, investimentos, toda a minha movimentação financeira, pelo *bank line*. Fazia compras no hipermercado, debitadas de minha conta. Eles entregavam na minha porta. Até mesmo para comprar pizzas, ou comida chinesa, ou lanches... o que fosse... Eu pedia pela internet. Não precisava falar com ninguém. Aquela gente confusa que não entendia o meu pedido, trocava meu nome, não anotava o endereço direito... Ah... Pessoas de verdade só atrapalham!

Eu não sabia como as pessoas viviam sem o mundo virtual! Eu não sabia como conversavam, como faziam novos amigos, como se divertiam. Tudo era muito lento! Muito confuso! Muito... orgânico...

Uma vez, disseram-me que enviavam cartas que levavam dias para chegar... Meu pai... isso... acho que foi ele quem me disse... Ou minha mãe... não sei... tanto faz... Acha?! Que vida é essa?

É claro que eu me encontrava com pessoas de carne e osso... que ideia... Às vezes, nós marcávamos uns encontros com os membros dos grupos. Era muito legal... a gente se encontrava, tirava umas fotos, publicávamos, marcávamos os amigos... mandávamos uns *links* interessantes... zoávamos quem não foi... era legal. Não durava muito. No meio do esquema, já estávamos cada um mergulhado no próprio mundo virtual de novo. Aí, a gente já sabia... Já deu... Hora de ir embora... Sem envolvimento...

Eu não queria saber dos problemas dos outros... No máximo, digitava uns "Amém's" nas postagens das pessoas com câncer. Aí era só usar o *scroll* para baixo e já era... virava assunto velho. Não queria saber...

Aí teve aquele dia...

"*Maldita bateria!*" Fiquei sem meu celular bem no centro da cidade! Nem meu *smart watch* funcionava. Ele dependia do *smartphone* para isso. Queria pegar um *Uber*. Não estava acreditando. Ainda cometi a gafe de pegar o telefone umas três vezes, sem querer, na esperança de acionar meus *Apps*. Andei toda a área da praça atrás de um táxi. Não encontrei. *It's Rush Hour!* Disse para mim mesmo.

O centro estava lotado. Gente apressada literalmente correndo para chegar seja lá onde... Uns ambulantes vendendo jogos pirateados... A molecada "aba reta" fazendo o seu *rolezinho*... E eu só queria meu mundo de volta! Será que me enviaram mensagens no *WhatsApp*? Eu não consegui *upar* o novo vídeo que fiz... Um cliente ia responder meu e-mail... Caramba! E eu aqui, andando feito um idiota, perdendo o meu tempo!

Que vacilo!

Eu estava carregando todos os meus *gadgets*. Menos o carregador portátil. E, sem ele, nada me adiantaria.

Eu não moro longe, mas não queria ir a pé. Eu sei que passa um *busão* na frente do meu prédio... Não sei qual é... *"Ah... Eu tenho um aplicativo dos ônibus e as suas rotas que..."* – desanimei quando olhei para a tela preta do celular. Sorri amarelo da minha burrice. Cocei a cabeça e segui andando.

Enquanto caminhava, percebi muitos lugares que não conhecia. Comércios novos, cafeterias, concessionárias, lojas de roupa... Eu passava aqui praticamente todos os dias. Quando não de Táxi ou Uber, andando mesmo. Mas sempre mergulhado nos meus *gadgets*. Observei detalhes de defeitos nas calçadas, árvores com aspectos que eu não tinha prestado atenção, cães que ladram o tempo todo em algumas garagens e, confesso, comecei a prestar atenção num ser estranho: gente!

Muita gente, o tempo todo... gente... gente...

Gente bonita, gente feia, gente magra, gente gorda, gente em forma, gente elegante, gente brega, gente rica, gente pobre, gente com cara boa, gente com olhar preocupado, gente rindo, gente triste, gente... Gente!

Como era diferente! Eu sempre vi gente... mas sempre em *tumbnails* dos avatares da internet. Ou em fotos produzidas em poses com filtros do *Instagram*. Aqui não tinha como... Era só gente vivendo.

Enquanto uns passeavam em trajes esportivos, outros corriam com suas mochilas pesadas. Alguns vendiam suas mercadorias nas ruas enquanto outros fingiam que não os viam. A madame que caminhava com seu *yorkshire*, carregando no braço seu *smartphone* com o *Strava* ativado, registrando seu exercício físico, sequer se dava conta da estudante apressada, de óculos de grossa armação e cabelos despenteados, que passava por ela. Tampouco da mulher sentada à beira da calçada pedindo moedas.

A essa altura da minha peregrinação, já tinha passado por três pontos de ônibus e já tinha desistido da ideia do transporte. Admito que minha atitude era estranha. Eu estava faminto por observar. Encarava todo mundo na rua com avidez. Tenho certeza de que os poucos que perceberam, afinal, a maioria estava mergulhada na versão virtual de si mesmo, devem ter me achado maluco ou psicopata.

Observei um médico saindo para o almoço rápido no restaurante na frente do Hospital, o adolescente de calças largas e boné aba reta, a senhora com uniforme de faxineira, o office-boy carregando seus malotes, a jovem que caminhava na calçada como uma modelo numa passarela... Todos tão diferentes, mas tão parecidos!

Sorri ao perceber que os *animes* que assisto sobre o Apocalipse Zumbi já estavam acontecendo. E eu era um deles e, talvez, o pior deles.

Já perto da minha casa, sentei-me no ponto de ônibus. Não iria a lugar algum, mas não queria chegar em casa. Fui assaltado pelo medo de entrar e, na minha solidão, buscar refúgio na virtualidade das minhas amizades invisíveis. Tive medo de me deixar absorver de novo pela minha necessidade de *likes*, curtidas, *macthes*, compartilhamentos, comentários...

Abandonei-me ali, na rua, observando as pessoas, a vida, as expressões que não se podem esconder como fazemos nas nossas *selfies*.

Fiquei atônito enquanto meus olhos passeavam entre os detalhes da minha vizinhança. Eu jamais tinha percebido que o toldo da papelaria do outro lado da rua tinha um rasgo no canto, que a velha senhora que morava ao lado dessa papelaria tinha gatos demais, que uma poça d'água sempre se acumulava no mesmo canto da sarjeta perto do ponto e que o bar da esquina era só um bar... na esquina... mesmo...

Pensei em quantas histórias, quantos dramas, quantas angústias, quantas alegrias não contadas na Internet. Quanta vida não sendo mostrada onde muitos vivem mostrando o nada que fingem viver.

— Caramba!

Acho que foi a única palavra que eu disse em voz alta o dia todo.

Já tinha se passado quase uma hora, e o final da tarde ia chegando. Sabe aquela luz amarelada, horizonte meio alaranjado? Então, era esse o clima. Ainda batia luz do sol onde eu estava, e o calor era reconfortante. Mas era hora de ir, voltar para o meu prédio a poucos metros dali e ver o que eu ia fazer da minha vida.

Levantei-me do banco do ponto de ônibus, alonguei as costas e fechei os olhos enquanto bocejava longamente. Quando os abri contra os raios do sol do crepúsculo, fiquei perplexo. Quase me congelei na mesma posição. Ela era linda! Caminhava calmamente em minha direção, pelo menos isso era o que eu mais queria naquele momento. Os amarelos raios do sol tocavam o seu rosto com brandura, e seus cabelos ondulados castanhos com mechas de cores azuis fundidas com o matiz do entardecer tocavam seus ombros com leveza no balançar de seus passos. Um olhar sereno, confiante, bordado pelos leves óculos, que davam formato ao seu rosto, penetrou-me a alma com doçura.

Encarei-a boquiaberto. E sei... fiz um papel de idiota sem precedentes na história. Ela concluiu o seu caminho pelo meu lado, olhou em volta e sentou-se no ponto de ônibus.

Fiquei sem reação por alguns instantes. Tomei o meu lugar novamente, fingindo que esperava o transporte chegar. Tirei o celular sem bateria do bolso na esperança de parecer ocupado com alguma coisa, arrumando, para mim mesmo, uma justificativa em ignorar todos os ônibus que passassem.

E a vi retirar, de uma bolsa tipo *eco-bag,* um livro e abri-lo no marca páginas, e passar a lê-lo.

Eu sei... É patético, mas eu já estava apaixonado a essa altura da história. O movimento de suas mãos, a mecha de cabelo que se projetava a frente dos seus olhos enquanto inclinava sua cabeça durante a leitura, o cruzar de suas pernas sob um vestido florido, seu olhar tranquilo, sua postura delicada... Já não conseguia prestar atenção no barulho dos carros, ou nos cães que latiam a cada motociclista, ou nos ônibus que teimavam em parar a cada minuto. Meu coração gelava a cada um deles, temendo que a levassem embora. Mas a cada um que partia a minha alegria era multiplicada.

Era como se eu já a conhecesse. Como se eu já a amasse há tempos. Como se eu já tivesse vivido tudo isso antes. Um ***d**éjà **vu***.

Fiquei pensando no que poderia fazer. Minha relação pessoal era praticamente inexistente há anos. Eu não conversava com ninguém. Nem queria. Resolvia tudo através da internet, computadores, *tablet's*, celulares, mas, agora, não poderia aproveitar nada daquilo. Ela era real! Entende? De verdade... Muito mais impressionante do que filmes em 4K, do que as fotos produzidas e tratadas na internet, muito melhor do que assistir a *speed paintings* no *YouTube*.

Queria que o tempo congelasse até que algo acontecesse para que ela me notasse. Eu tentava disfarçar para não assustá-la, mas não conseguia deixar de olhar para ela a cada minuto.

A minha mente estava acelerada. "Qual seria o seu nome?" Eu tinha certeza de que a conhecida, de que sabia o seu nome, de que já a tinha amado antes. Pelo menos, essa era a minha esperança inconsciente. De certo modo, se eu já a tivesse amado antes, talvez, ela também tivesse me amado.

Chacoalhei a cabeça espantando aquela fantasia. "Bobagem", disse para mim mesmo, em voz alta.

— Oi?

Que susto! Virei-me para ela, que me encarava confusa.

— Oi... – respondi timidamente.

— Desculpe, achei que você tinha falado comigo.

— Eu... eu... – gaguejei, claro! Anos sem falar com uma pessoa de verdade e, de repente, dou de cara com uma paixão inesperada, linda, e que decide falar comigo do nada... o que eu ia querer?... Falar com destreza? Danou-se tudo...

Antes que ela me achasse um idiota e retornasse para a sua leitura, acabando com a melhor chance que eu teria na vida, decidi responder: — Er... Eu estava tentando me lembrar de onde a conheço... "– Nossa! Que xaveco furado! Agora sim! Com certeza o meu atestado de panaca chegou! Parabéns, bobão! Ganhou o dia..."

Ela me olhou com um risinho torto. Seus olhos escuros refletiam um brilho que é muito difícil relatar aqui. Ela fungou baixinho e começou a rir.

— Você está brincando comigo, não está? – perguntou e desatou a rir novamente.

Ergui minhas sobrancelhas na minha melhor expressão de "ué".

— Desculpe, não estou não! – não consegui segurar um sorriso frouxo.

Ela me deu um tapa no ombro e continuou rindo.

— Você passa por mim todos os dias! Eu estou sempre por aqui.

— Sério? – a minha cara caiu... Como assim, eu nunca ter reparado que a mulher mais linda que já vi na minha vida estava todos os dias ali? – Mas você mora por aqui?

Aí foi que ela riu ainda mais. Inclusive, eu fiquei até

um tanto envergonhado. Ela deveria estar me achando um bocó.

— Eu moro no 317, duas portas à frente do seu apartamento, Gabriel – e seguiu rindo de mim.

Agora era eu quem estava rindo alto e sem parar!

— Mas você fica lendo sempre por aqui?

— Claro que não! – ela me olhou com comédia. – Eu nunca o vi pegar um ônibus. Aí eu cheguei em frente de casa, e você está sentado aí, então pensei: "O que ele está fazendo?" Aí decidi fazer o seu jogo. Sentei aqui até que você falasse alguma coisa.

— Então, você só ficou aqui por minha causa? – parabéns para mim! Fui direto! É pra glorificar de pé...

Ela abriu a boca como quem ia responder rápido. Parou, olhou para o livro repousado em seu colo: – Agora, você me pegou! – disse timidamente.

— *Peraí*... como sabe meu nome? – levei "um ano" para perceber que ela me chamou de Gabriel.

— Me pegou de novo! – respondeu com um risinho.

Um silêncio engraçado e constrangedor tomou conta do nosso mundinho fechado em meio à avenida movimentada. Tomei coragem e disparei: — Quer tomar um café?

— Não, obrigada!

Putz... Ferrou tudo! Acho que ultrapassei um limite. Será que ela tinha namorado? Será que me achava maluco? Seria as duas opções?

— Não posso tomar café! Me deixa *super* elétrica. Você não ia querer ver isso!

— Eu adoraria.

Fomos para a cafeteria do próximo quarteirão e tomamos café pra caramba! Conversamos por horas! Rimos muito! Ela me contou da sua família, sua paixão por desenho e por peixes. Eu evitei falar sobre a minha vida solitária. Não queria mais isso. Eu queria ficar com ela! E desejava que aquela noite durasse para sempre! Pedimos comida japonesa mais tarde, no apartamento dela. Eu detesto *sushi*, mas ela adora. E eu adorei comer aquela porcaria com ela.

Eram 22h quando decidi, contra todas as minhas vontades, que era hora de ir embora. Peguei minhas coisas, trocamos as últimas palavras, e, na porta, ganhei um beijo no rosto da minha mais nova e, talvez, única amiga.

Oito passos da porta dela até a minha. Oito segundos. Oito vezes dizendo a mim mesmo que eu já a conheço há muito tempo, que eu já a amo há muitas vidas e que eu quero viver com ela para sempre.

Entrei no meu apartamento, fui até a janela, abri-a e, lá de cima, tirei uma foto mental do ponto de ônibus mais incrível que eu já tinha visitado. Na minha cabeça, eu apliquei o filtro "sol de final de tarde", "sentindo-me apaixonado", *check-in* "melhor lugar do mundo" com "Ana". Compartilhei comigo mesmo, para nunca mais me esquecer do dia em que tudo deu errado para dar incrivelmente certo.

Geraldo J. Costa Jr.

REPRISE

O lugar tinha a alcunha de *A Cidade Azul*, embora eu não entendesse o motivo.

Havíamos chegado aos bandos, estropiados, doentes e famintos. E tais desgraças fizeram com que muitos de nós, em um breve espaço de tempo, sucumbíssemos a uma atmosfera de marasmo, inércia, que, feito vírus letal, foi se espalhando por nossa consciência, nossos sentidos, e envolvendo-nos num torpor que, aos poucos, ora nos tragava para um abismo sem fim, em uma escuridão assustadora, ora conduzia-nos à contemplação submissa de retratos, réplicas de situações e construções, como que eternizadas diante de nossos olhos; como se o tempo não passasse, as pessoas e as coisas não se movessem e a vida não existisse, ou estagnada estivesse por algo maior e mais poderoso que a própria vontade de Deus.

Todas as manhãs, eu descia aquela rua até chegar ao outro lado do vale, a parte alta onde ficava o lugar que mais se parecia com um hotel decadente. Cruzar a longa avenida sinuosa, em cujo canteiro central escondia-se um córrego canalizado, não era problema. E saber disso, foi o primeiro momento de satisfação, aliás, o único que experimentei depois de muito tempo, desde minha chegada àquele lugar.

No hotel decadente, por ora vamos mencionar assim o lugar, muitos não passavam da porta de entrada, não por falta de mérito, mas por absoluta falta de fé, de acreditar que as coisas poderiam se tornar diferentes, melhores.

Acostumado a toda má sorte e humilhação, infortúnio e penúria, mesmo assim eu me comprazia daqueles homens e mulheres, jovens, velhos. Vindos de toda parte. Atraídos pela energia amorosa, restauradora, aconchegante, atraente e irresistível que reinava naquele lugar e que envolvia a todos. Lugar imenso para os nossos olhos, tão imenso, alto demais, que parecia não ter fim, apesar de sua única porta, de tamanho apropriado para o acesso de um vagaroso camelo ou uma pescoçuda girafa, caso necessário fosse.

Porém, antes de conhecer aquele abençoado lugar, conheci outros, naquela mesma cidade, e não muito distantes daquele. O mais assustador e deprimente ficava na direção em que o Sol se levanta. Não era habitado ou sequer visitado pela espécie humana havia muito tempo, mas tinha vida. Era um lugar em que os raios de sol, para alcançarem o chão, precisavam, com toda intensidade e determinação, só perceptível aos poetas que declinam no papel as suas dores, romper as copas das árvores altas e de troncos enormes, que nem uma dezena de homens conseguiria abraçar. O lago, escondido pela neblina de cada manhã, tinha ares de abandono. Em seu leito, perdiam-se enormes galhos de paus d'água, arrancados pelo vento, geralmente ao final de tarde e com maior frequência durante a noite, quando o vento se tornava mais forte, como se soprado fosse pela desilusão de muitos transformada em revolta.

Os dias se passavam arrastados, e as coisas não poderiam continuar daquele modo. Eu vivia isolado do bando, que é a melhor definição que, no momento, posso encontrar para aquele grupo de Espíritos que, aos poucos, foi se juntando, mais por afinidade de sentimentos nada recomendáveis do que por algum interesse profissional, embora, algumas vezes, para alcançar algum objetivo que pudesse atender a um desejo reprimido, os interesses convergiam para um mesmo ponto, e era quando se podiam observar cenas bizarras, senão hipócritas, em que alguém, geralmente um estranho ao nosso convívio, sempre saía prejudicado em nome de uma satisfação momentânea, que, todavia, buscávamos eternizar o tanto quanto possível, submetendo-a as nossas necessidades.

Mas a voz que fala ao corpo não demora a se calar. Entretanto, tão envolvidos e dependentes estávamos daquelas sensações efêmeras, que evitávamos enxergar o óbvio. Para nós, era questão de sobrevivência satisfazer os nossos vícios, alguns repugnantes.

Aos finais de tarde, reuníamo-nos na Praça Dalva de Oliveira, no entroncamento entre a Avenida Visconde do Rio Claro e a Presidente Tancredo Neves, e ali permanecíamos durante toda a noite. Acordados e atentos, para aproveitarmos a menor possibilidade que, de repente, surgisse, para ocuparmos nosso tempo com algo que nos desse prazer e satisfação, as únicas preocupações que, de fato, tínhamos.

Mas eu ainda me sentia um homem velho e acabado. E por mais que tentasse me sentir de outra forma não conseguia. As emoções dos instantes derradeiros de minha vida humana eram ainda muito marcantes na minha lembrança. Do porte atlético de pugilista, que eu jamais fora, mas que sonhara ser, nada restara. E da destreza do hábil pescador a enfrentar os mares bravios, nem uma pálida lembrança.

Portanto, estar no meio daqueles jovens me causava constrangimento. Ainda que um dia eu houvesse sido um, a dirigir uma ambulância, em terras italianas, durante a primeira guerra mundial, triste e inapagável experiência de minha vida, que, no mesmo dia em que escrevo estas linhas, completa cem anos de seu início.

Nos bons tempos, agora me lembro, qualquer lugar ou circunstância me serviam muito bem ao fascinante exercício da escrita, com a qual conheci a glória, a fama e a fortuna e fez marcar o meu nome à posteridade, tal como um dia, a caminhar pelas ruas de Paris, com as mãos escondidas nos bolsos da calça, os sapatos molhados, tentando abrigar-me do frio à custa de um suéter furtado na noite anterior, na mesa de um bar, eu desejei ardentemente escrever.

Fosse um caixote à luz de um lampião, fosse uma mesa de madeira tosca, desde que eu pudesse ali colocar o meu bloco de notas e deslizar o lápis, à luz do sol ou de uma vela. À sombra, à chuva, ao vento. Nada era obstáculo maior que aquele, que me exigia encontrar, por vezes, desesperadamente, a primeira frase, a mais verdadeira possível. Mas, já naquele tempo, ou mesmo bem antes disso, uma velha companheira não se fazia ausente: uma garrafa de vinho.

A bebida de boa qualidade tem um poder avassalador. Ela nos faz escapar à realidade, leva-nos à beira do precipício, ao ponto mais alto e perigoso da montanha, aquele de onde podemos ver o mundo em toda a sua plenitude, e ampliar infinitamente nossos horizontes em relação à vida. Julgamo-nos Senhores, perante os quais o Bem e o Mal se curvam. Instante em que nos acreditamos parte da Divindade, pois nos consideramos capazes de tudo. De tudo criar e modificar, e tudo viver, e, sobretudo, decidir conforme nossa vontade. Sim, capazes de tudo, e devedores de nada. Então, é quando, tão convictos desse poder imensurável e indefinível, damos um passo adiante, esquecendo-nos que estamos à beira do precipício. A queda é longa e parece infinita. É dolorosa. Tão dolorosa que miseravelmente desumana parece ser.

E recobra a consciência depois de muito, muito tempo, em situação vexatória e lugar desconhecido. Ao menos, foi o que aconteceu comigo.

Um dia, que não sei precisar, respondi, finalmente, ao inevitável chamado da consciência. Abreviarei os fatos para não sujeitar o leitor a minúcias desnecessárias.

"Dos Passos pede por você."

Não pude deixar de rir, antes de lhe dar a resposta.

"Como? Se não acredita sequer em Deus?"

"E você? Acredita?"

"Não sei."

"Não faz mal. Mas acredita no amor? No poder da vida sobre todas as coisas. As impossíveis, inclusive."

"Acho que sim" – respondi de modo relapso, fazendo-me na retaguarda, pois, ainda com alguma dificuldade e desconfiança, eu tentava saber exatamente onde me encontrava, e por quê.

“Você se acha numa casa de oração.”

“Uma igreja?”

“Não exatamente.”

“Menos mal. Eu as detesto.”

“Falemos sobre amor e vida. Paciência e resignação. Lutar até o fim. Isso não lhe soa familiar?”

“Sim, um pouco.”

“Um pouco, apenas? Deveria lhe falar bem alto ao coração. Pois eram temas recorrentes em seus livros.”

“Livros?”

“Já se esqueceu? O que andou fazendo da vida esses anos todos?”

“Eu não sei. Apenas me lembro de estar limpando a espingarda naquela manhã, e então, de repente, ela disparou, e não vi mais nada.”

“Antes de ganharem as páginas dos livros, onde se acham as palavras?”

“Nunca me fiz essa pergunta. Mas acho que sei a resposta.”

“Pois bem...?”

“Elas se acham no pensamento… e no sentimento.”

“Pois é tudo o que lhe restou, como pode observar. Pensamento e sentimento. Eis a sua essência e a sua individualidade. Nunca se perdem. E é tudo o que, em verdade, você possui.”

“Mas eu me vejo. Tenho um corpo. Posso senti-lo e tocá-lo.”

“Tem um corpo? Mesmo? Qual?”

“Este aqui” – disse-lhe, tocando-me.

“Não percebe que ele está um pouco diferente do que costumava ser?”

“Na verdade, bem… muito diferente. Embora pareça igual.”

“Na aparência.”

“Sim. Embora isso seja um pouco confuso para mim, devo confessar.”

“Por enquanto. Com o tempo, você se acostuma. O importante é que tem ciência da sua realidade. E das novas circunstâncias em que se desenvolve a sua vida.”

“Por que você se mostra tão atencioso para comigo?”

"Atendo a um pedido de um seu amigo, como já lhe disse."

"Não me recordo de que você e eu nos conheçamos."

"Mas quem pode afirmar, não é?"

"Estou certo de que eu poderia."

"E isto faz alguma diferença?"

"Em verdade, não."

"Que impressão tem lhe causado a nossa conversa até aqui?"

"Sinceramente, a melhor possível. Gregório não faria melhor."

"Seu amigo?"

"Sim. Mais que um amigo. Um homem humilde e de bom coração."

"Eu compreendo."

Eu não saberia precisar por quanto tempo conversamos. Sem que eu percebesse, a desconfiança que, a princípio, tive por aquele homem e aquele lugar, segundo ele uma casa de oração, embora, um tanto surpreso, eu não acusara, até aquele momento, a presença de alguma imagem ou a ocorrência de nenhum ritual. Apenas o nosso diálogo agradável e amistoso.

"Seu ferimento – perguntou-me – não o incomoda mais?"

Só então percebi que eu devia ter algum ferimento abaixo da mandíbula, em decorrência do disparo acidental da espingarda, cuja coronha estava apoiada no chão, e o cano, bem próximo ao meu rosto, momento em que o fato se deu, naquela fatídica manhã de julho.

Olhando para aquele homem e encontrando, no seu olhar, toda bondade e confiança que eu já havia desacreditado pudessem existir no ser humano, senti-me forte o bastante para lhe perguntar:

"Eu tirei minha vida?"

"Não exatamente do modo como você supõe e as pessoas imaginam. Mas tirou, sim. Em cada excesso a que expôs o seu corpo e a sua alma, a sua mente e o seu coração, ao longo dos dias em que teve a maior de todas as oportunidades de sua vida imortal."

"Poderei um dia entender melhor sobre isso?"

"Certamente. Mas, agora, tudo o que importa é que aceite a situação que você mesmo criou para si e as consequências naturais dela decorrentes."

"É possível recomeçar?"

"Sempre é possível. Tanto quanto é possível recomeçar uma frase. E não importam quantas páginas amassadas você tenha que atirar ao lixo. E quanto suor tenha de derramar até chegar ao ponto final."

Novamente, depois de tanto tempo, eu me via no alto da montanha, igualmente ferido, mas, dessa vez, não chegara lá conduzido pela ousadia e coragem estúpida do álcool, que habitualmente me levava à beira do precipício. Não. Dessa vez, eu não voara para o alto da montanha nas asas da imaginação e da irresponsabilidade, nem da fraqueza, mas subira cada degrau do caminho íngreme pela encosta, apoiado pelas mãos firmes, seguras e fortes da lucidez.

Mas como diria o poeta português: "Tudo vale a pena quando a alma não é pequena".

Bem me daria por satisfeito se a história se resumisse nisso, ao que foi narrado até aqui. Entretanto, ela apresenta passagens que jamais se apagaram de minha mente. E uma delas é a que se segue adiante:

Com certo incômodo e um tanto humilhado, percebi que as etapas do processo obedeciam a uma sequência: primeiro, os terríveis mosquitinhos, depois, os incômodos vermes, a água barrenta, e, por fim, a terra úmida. Lavoisier não definiria melhor esse processo de transformação.

Mas há outro processo mais difícil e mais demorado, que é o da transformação moral. Voltemos no tempo, mais exatamente ao cenário da Guerra Civil Espanhola, da qual, mais por vaidade e aspiração de heroísmo do que por convicção política, também tomei parte, ainda naquela encarnação.

Naqueles dias, eu era um homenzarrão forte e destemido, e consciente de minha importância para o mundo literário, sendo, por assim dizer, uma espécie de referência àqueles que pretendiam escrever bem e conquistar leitores, tirando-os da posição passiva de meras testemunhas dos fatos narrados, para a apaixonante presença no cenário dos acontecimentos que a imaginação estimulada proporciona.

O escritor deve escrever sobre aquilo que conhece bem. Por esse motivo é que eu me entregava de corpo e alma a todas as situações extremas que a vida me oferecia, como um cardápio tentador posto à mesa diante de um par de olhos famintos.

Naquela manhã, havíamos saído do hotel que funcionava como um quartel general e também área de lazer e descanso, conforme a situação.

Ali, sempre bebendo muito, comentávamos os avanços obtidos, lamentávamos as perdas de pessoas queridas, nos apaixonávamos, escrevíamos, fazíamos planos, não só para a guerra na qual estávamos envolvidos, mas também para as nossas vidas, se bem que essa derradeira pretensão por vezes se parecesse um tanto estúpida.

Eu caminhava sozinho, revendo algumas anotações produzidas na noite anterior, no calor de um fogo cruzado, quando tive de me proteger atrás da roda de um caminhão, da artilharia pesada que os homens de Franco haviam nos preparado na forma de uma emboscada.

As anotações estavam prejudicadas, mas alguma coisa era possível compreender, e eu caminhava pela rua, próximo ao meio-fio da calçada, por vezes tendo que desviar de destroços de automóveis, de escombros de paredes caídas, de cadáveres insepultos, sem me dar conta daqueles que, desconfiados, lançavam-me olhares a distância, repugnando a presença de um estrangeiro intruso feito eu numa guerra que não lhe pertencia.

Num dado momento, pessoas saíram correndo e gritando do interior de um prédio em ruínas, e eu, possuído do espírito de escritor e não de combatente, parei para observar os acontecimentos. Mas logo tive de me abaixar, para me proteger dos disparos que começaram a vir em minha direção. Guardei rapidamente as anotações no bolso de dentro do casaco e tomei posição de tiro, mas, movido por intuição, olhei para o lado e vi um garoto correndo ao meu encontro. Em ato contínuo, disparei contra ele. O primeiro disparo pareceu surpreendê-lo e vi o horror em seus olhos, e, depois, a decepção. Ele tombou de costas, e, antes que exalasse seu último suspiro, teve tempo de tirar algo que trazia dentro do seu paletó. Eu poderia ter saído dali, rastejando-me até encontrar um abrigo próximo, porque a confusão era grande, a correria, os gritos, os disparos, e algumas explosões de granadas. O garoto seria, dali a pouco, contado entre o número dos mortos, e ninguém provavelmente saberia que fora eu o responsável por isso. Mas o abrigo mais próximo que encontrei foi o latão colocado na calçada, momentos antes de a confusão começar, ao lado do qual estava o corpo do garoto, tombado e sem vida. Agachado, revólver em punho, eu corri para lá, colocando-me estrategicamente atrás do latão, de modo que pudesse me proteger. Mas, então, os disparos foram diminuindo, a fumaça dos tiros e das explosões dissipando-se, os gritos ficando longe, e vi, de repente, que o garoto ferido mortalmente segurava, sobre o seu peito, um exemplar de um livro: um livro de minha autoria. Lembrei-me do seu olhar voltado para mim, da sua iniciativa de correr em minha direção, do seu espanto e da sua decepção diante da minha atitude irrefletida e precipitada de disparar contra ele. E, naquele momento, só me restava fechar os seus olhos, e pedir-lhe perdão.

Esse acontecimento me fez refletir sobre a vida, rever os valores que eu cultivara até então. De repente, o orgulho pelos feitos obtidos, a coragem, por vezes irresponsável, para enfrentar situações adversas, mesmo aquelas que não me diziam respeito, perderam completamente a sua importância.

Retornando ao momento atual, esta noite, fui chamado novamente àquela casa de oração, onde as pessoas se reuniam com o objetivo de esclarecer e consolar almas feridas e perturbadas feito eu. Fui o último a ter a oportunidade de me manifestar, através daquele intermediário, que, desde a primeira vez em que lá estive, emprestara-me o seu corpo físico para que eu pudesse me expressar. Um rapaz humilde e de bom coração, chamado Dos Passos. Foi quando tive a oportunidade de olhá-lo atentamente, atendendo a sugestão do mentor espiritual que comandava a caravana de Espíritos do qual eu fazia parte.

Percebi que ele se emocionara ao sentir a minha presença e, mentalmente, pedia-me perdão, embora eu não entendesse qual o motivo para aquela sua atitude, afinal, minha disposição era aproveitar aquela oportunidade para agradecê-lo.

"É capaz de reconhecê-lo?" – disse-me o mentor que nos acompanhava.

Como não poderia? De repente, encontrei, na feição daquele rapaz, agora um tanto alterada, o mesmo medo, a mesma indignação e surpresa, o mesmo olhar triste, confuso, e não tive dúvidas de que o rapaz ao qual eu tanto me afeiçoara, desde o primeiro instante em que eu botara os pés naquela casa de oração, era aquele contra o qual eu disparara havia mais de cinquenta anos, em Madri, Espanha, ferindo-o mortalmente.

"Mas sou eu quem necessita pedir-lhe perdão!" – argumentei, chamado à consciência que se impunha inapelavelmente.

"Se o deixa em paz perante a sua consciência, nada o impede que o faça – respondeu-me o mentor –, contudo, saiba que Dos Passos já o perdoou. Todavia, ele próprio necessita de seu perdão."

"Por quê?" – indaguei, um tanto confuso.

"Porque fora ele quem o convencera a apontar aquela espingarda contra si mesmo, naquela fatídica manhã de julho".

"Ele o fez por desejo de vingança?"

"Sim. Na verdade, ele o perseguiu, durante muito tempo, por não compreender e não aceitar o fato de o homem que ele mais admirava na vida, e do qual só queria um autógrafo, ter lhe tirado a vida, na flor da juventude, de modo tão estúpido, irrefletido e precipitado.

"Eu fiz isso, não?" – a emoção me impedia de articular qualquer outra palavra.

“Sim, você o fez. E ele também. Daí a necessidade da reconciliação.”

“Cuja iniciativa se deveu a ele...”

“Mas que você aceitou.”

“Sabe, isso me faz compreender uma coisa.”

“Qual?”

“Nós não temos inimigos. Mas futuros amigos.”

“Não acha que é hora de estreitar esse laço de amizade?”

“Desculpe, mas... não encontro modo de fazê-lo.”

Olhando para o jovem intermediário, que, na prece dirigida a Deus, com todo seu amor e carinho, buscava harmonia e equilíbrio para dar boa conduta à sua tarefa, o mentor disse-me, com grande alegria estampada no rosto:

“Inspire-o a escrever, da mesma forma como um dia, no passado, do qual você agora não se recorda, alguém o inspirou. Faça-o sem demora, com todo o seu amor à vida, amparado por essa luz que agora ilumina o seu caminho. Faça-o porque, desde já, esse rapaz, um velho conhecido seu, e que tanto o ama, coloca-se à sua disposição.”

Naquela noite, não sem antes elevar o meu pensamento a Deus, o mais que me permitia minha lucidez e meu estágio de evolução espiritual, inspirei o jovem Dos Passos a escrever uma primeira mensagem, na qual eu contava a nossa história ou, simplesmente, o seu mais novo capítulo.

Ao terminar, nossos olhos, os meus e os dele, banhados de lágrimas; senti novamente, depois de muito tempo, o cansaço prazeroso, o alívio indescritível que eu experimentava nos meus melhores dias como escritor.

Algo inimaginável para mim, eu voltava a escrever, ainda que indiretamente, agora pela mente e pelas mãos do bom e velho, ou melhor, do jovem Dos Passos.

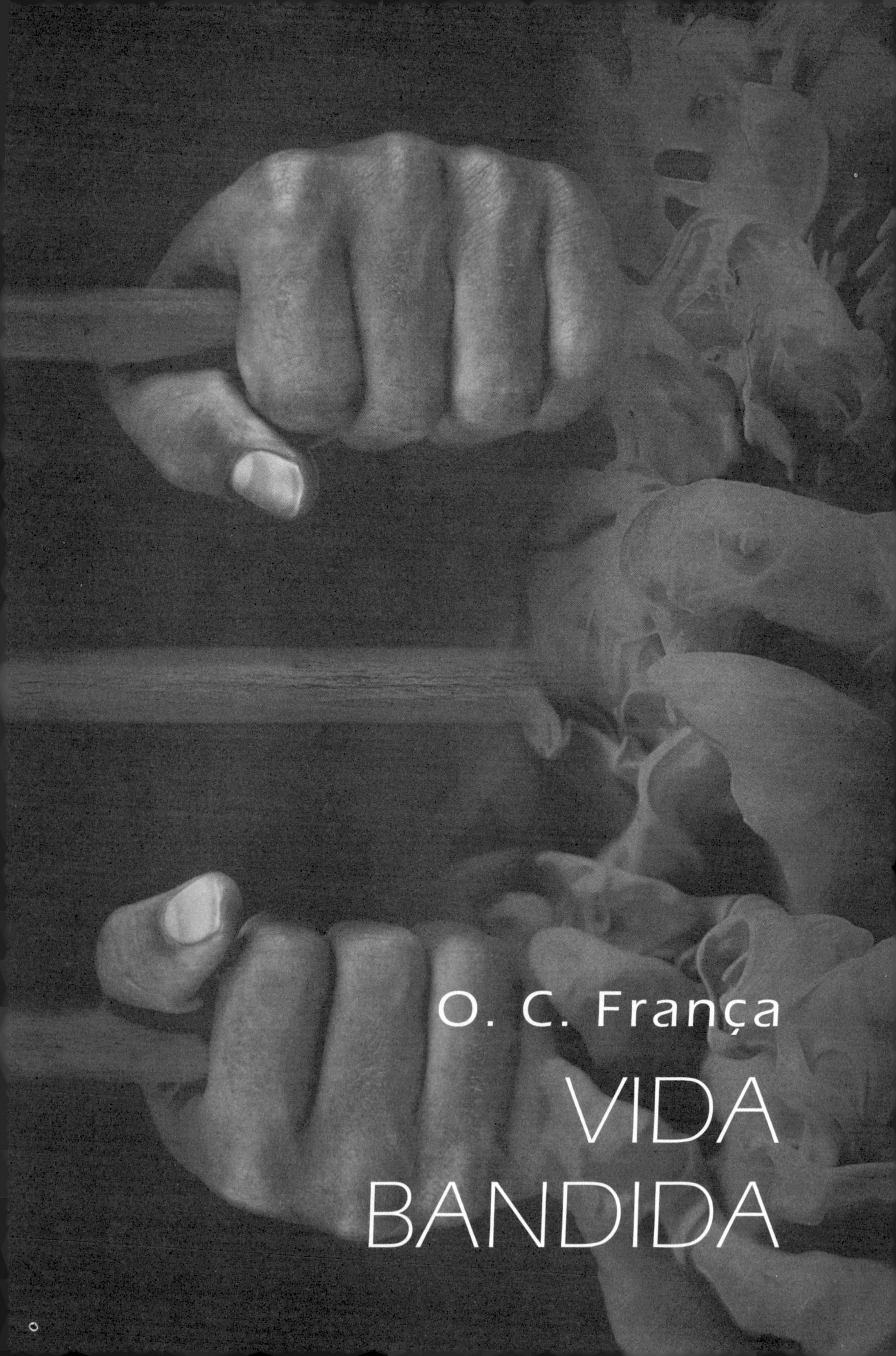

O. C. França

VIDA BANDIDA

Dois *ano*, *trêis m*êis e dezessete dias que eu *tô* aqui, cumprindo pena. 157. Você sabe o que é... Humpf! Peguei vinte e sete *ano*... Eu não ia *fazê* nada, mas o *playboy* reagiu... Eu *tava* nervoso... Só queria as *coisa* dele, mas o maluco não quis entregar. Pensou que eu *tava blefano* e resolveu *discutí* comigo. O cara ficou *falano*, *falano*... Eu só queria sair dali com a *mercadoria*. Eu tinha uma encomenda *praquele* Honda. Era só o cara sair fora... Ninguém ia se machucar. Aí que o *branquelo* começou a agitar os braços. Pensei que viria pra cima de mim. O cara era *maromba*. Me assustei e dei dois tiros. É... Tem dia que eu fico pensando que não ia rolar nada... Que era melhor *t*ê desistido... Mas aí... Como é que eu ia *ficá* nas *quebrada*? Ia *perdê* as encomenda e não *tava* afim de *batê cartera* de novo.

Saí correndo. Nem vi se o *playboy tava*

vivo ou morto. Subi na moto do *parça* e fugimos de lá. É, meu... Olha como é a vida... Três dias depois, meteram o pé na porta lá de casa. Deram *mó* susto na minha mãe. Minha *véia* é daquelas carolas de igreja. Com coque e tudo. Vivia me *dizeno* "Deus tem um plano na sua vida"... Nem é! Se ele tinha... que me perdoe... fez tudo errado! Os *hômi* me levaram algemado. Eu não resisti. Um *cagueta* entregou o Julião, que *tava pilotano* a moto, e, ele, *mó vacilão*, disse *pros gambé* onde eu morava. Vinte e sete anos... *Vo apodrecê* aqui.

Perante a sociedade, eu *sô* só um detento, bandido, presidiário, ladrão... É claro que eu não deixo os outros me dizerem que eu sou ou o que posso fazer, mas... eles estão certos! Pior! Nem tanto... Eu sou um assassino! Eu matei o cara. É claro que eu não queria, né, doutor?! Só queria o carro! Já falei! Embaçado! O *playboy* tinha duas *criança*... Elas vão crescer sem o pai... A culpa é minha! Argh... *Se pá* nem quero mais falar sobre isso!

Quando eu era moleque, doutor, as coisas não eram melhores do que agora. Como eu falei: se Deus tem um plano, ele esqueceu que tinha... Minha mãe foi viver com o cara errado. Meu pai engravidou ela, mas tinha outras *muié* na parada. Ele batia na minha mãe direto. E o *véio* nem precisava *tá* bêbado pra *fazê* isso. O pai era um *hômi* ruim. Eu apanhava também! Só que nem sempre ele me achava. Quando enchia a cara, eu aproveitava e me escondia em cima do barraco, ou embaixo da cama. Aí ele não me achava mesmo. Só que era a minha mãe que apanhava no meu lugar.

A Dona Lina *tava* tão desesperada que foi pra uma igrejinha lá pra baixo do morro. Daí pra frente, era só musica de crente e oração lá em casa. Ela juntava *otras véia* e iam visitar as pessoas, levavam comida, costuravam *pros nenê* que *tava nasceno*... Tudo gente boa! Dona Lina é a minha mãe, doutor.

Foi mais ou menos nessa época que o meu pai bateu, pela última vez, na minha mãe. Ela ficou *zoada*. Eu *tava* na rua com os moleques, jogando bola na frente de casa. Eu vi quando meu pai chegou. Nesse dia, ele tinha bebido. Eu até dei risada do jeito que ele andava. *Tava* todo torto. Continuei *de boa* na rua, até que comecei a ouvir os gritos e os *barulho* de coisa *quebrano*. Corri pra dentro de casa e encontrei ele dando na cara dela com a mão. Ela caiu no chão, *pedino* "pelo amor de Deus". Aí eu gritei. O *véio* se virou e foi tirando a cinta. Me chamou *duns monte* de palavrão. Eu não vou repetir porque eu sei que o senhor não tá acostumado. Mas aí... Eu *tava achano* que ia morrer. A Dona Lina começou a gritar também... Pedindo socorro, *pá*... Olha só... Tobias entrou na minha casa, com um *três-oitão* na mão, apontando direto na cara do meu pai. *Levô* o *véio* pra fora de casa com os *parça e* deu um *cacete* no meu pai. Ele ficou lá, *deitadão* no chão, todo arrebentado. Ele mereceu, doutor. Essa foi a primeira vez que *os traficante* salvaram minha vida!

Hoje eu *tô ligado* que o Tobias não queria a polícia subindo o morro. E *tamém* tem a mãe dele, que é amiga da minha. *Se pá* eu nem sei. Só sei que nunca mais vi o meu pai. Graças a Deus! Doutor, você não sabe o que é isso... Desejar a morte do próprio pai. O senhor deve ter nascido numa família boa. Tudo certinho. Casa pintada. Eu não... eu só tinha a minha mãe... tinha que cuidar dela.

Quando eu fiz catorze anos, o Tobias me deu uma arma. Era uma 380 preta. Aprendi a atirar num muro lá no alto do morro. *A gente* fazia uns riscos com os cacos de telha e tinha que *acertá* no meio.

Eu já não ia pra escola fazia tempo! Já sabia *lê*. Era tudo o que eu precisava. Os moleques da favela tinham medo de mim. Claro, né, doutor! Eu andava armado pra todo lado. Sem *fal*á que o Tobias me protegia e cuidava da minha mãe. Eu não saía dos *baile* que o Tobias mandava. Bebia e fumava o que quisesse. E as *princesa* ficava *na minha*. Era fácil demais!

Minha mãe não gostava de nada disso. Mas eu *tava levano* sustento pra dentro de casa. Ela tinha que me respeitar! *Nóis* ainda morava no barraco, mas tava ficando bom! TV nova, DVD, micro-ondas, *cochão* bom... Isso sem *falá* nos equipamento. É, doutor! Os *equipamento*. Além da minha 380 de estimação, eu tinha um *três-oitão* cano longo, 9 tiros, prateado... Ah... O bichão brilhava no sol, doutor. Aí, as *mina* pira... Eu *tava* por cima.

Eu sabia que o senhor ia querer saber isso! Eu fazia *uns corre* pro Tobias. Levava umas mercadorias pra lá, outras pra cá... Nada muito grande. Ele não queria que eu me metesse em encrenca. Ele sempre *cuidô* de mim e da *véia*. Não, doutor! Nunca matei ninguém! Bem... Só o *playboy* do Honda... Ele reagiu... Eu não queria... Ele tinha as *criança*...

Sabe, doutor, tem uma regra no bando: "quem entra só sai no caixão!". Eu não sabia da regra quando entrei... Só fiquei sabendo quando os *parça* do Tobias *apagaro* um maluco lá que quis *abandoná* a gente. E pra que eu ia *querê saí*? Eu tinha grana, respeito, as *mina*, cerveja, cigarro, maconha... *Se pá num* tem vida melhor! Mas aí eu conheci a Dalila... Aquela *muié*, doutor, me fez *querê largá* tudo! Por ela, doutor, eu *tava* disposto a enfrentar o Tobias, o bando, o morro todo! E foi o que eu fiz.

A mãe da Dalila não gostava de mim. Eu acho que ela *tava* certa! A filha dela era uma princesa e não devia ter se envolvido comigo. Mesmo assim, a gente *tava* apaixonado. *Nóis se* amava! Ninguém ia *acabá* com nosso *esquema*!

A Dalila queria que eu fosse *estudá*. Eu não queria ir. Então, não fui, mas disse pra ela que ia. Nesse tempo, eu *tava* nos *corre* pro Tobias. A grana entrava numa boa. Comprei uma casa no morro pra gente, um carro novo, presentes, roupas, e tudo o que ela queria. Claro que ela ficou feliz quando viu tudo. Mas eu sabia que tinha alguma coisa errada. Ela parecia feliz, mas não *tava*. Aí, depois de um tempo, a gente já *tava* junto há um ano, ela me disse que queria que eu levasse outra vida. Eu falei pra ela: "Outra vida, por quê? *Nóis* tem tudo que *nóis qué*!" Aí ela veio com aquele jeitinho dela, que consegue tudo de mim. Bom... Pra *resumí*, doutor, desci as *quebrada* pra vê se eu arrumava um *trampo*. E num é que ela *tava* certa? Eu consegui *trampá* num posto de gasolina. Virei frentista. *Trampava* durante a noite.

Era a primeira vez na minha vida que eu tinha um salário digno de cidadão. Num era grande coisa, mas, como eu já tinha casa, carro e o resto, era só pra *mantê*. Pra *sê* sincero, doutor, essa era a versão oficial do papo. A verdade é que eu ainda fazia *os corre* pro *Tobias*. Eu até diminuí, de verdade. Mas a grana que ele me pagava era boa e dava pra *agradá* a Dalila e *prepará* a vida *pros moleque* que a gente queria *tê*. É... eu achava que ia *dá* tudo certo.

Num domingo, à tarde, eu *tava* em casa *veno* o *Coríntia* jogá. A Dalila tinha ido na mãe dela. Então, *tava* de boa, né, doutor?! Dois *parça* do Tobias entraram e *ficamo trocano* as *ideia*. *Deixaro* o pacote da entrega que eu tinha que *fazê* na segunda e *foro* embora. Eu, doutor, *tava veno* o Timão, distraí, deixei o pacote em cima da mesa da cozinha. *Se pá*, não deu nem meia hora, a Dalila chegou. Doutor, pensa numa *muié* brava. Ela fez *mó* escarcéu. Disse que não acreditava mais *ni* mim. E que, se eu não parasse agora, ia morá de novo com a *véia* dela. Aí eu vi que não tinha *onda*. Chegou a hora de eu *mudá* de vida.

Peguei o pacote, as *arma*, a cara e a *corage*, e subi na *goma* do Tobias. Expliquei tudo pra ele. *Tá* ligado que ele não *tava* sozinho, né? Ele nunca tá... A Tábata, *muié* dele, *tava* junto. O Marcelo e o Dedé *tamém*. O Tobias é um cara bom. Mas a Lei é a Lei. Ele *apontô* o revólver na minha cara, do nada. A Tábata riu e saiu da sala. O Dedé olhou assustado. E eu olhei pro Tobias. Eu *tava achano memo* que ia *levá* uns *pipoco*. Foi aí, doutor, que eu tive a *maió* revelação da minha vida! O Tobias falou: "Tu sabe por que eu não te mato agora?" Eu nem respondi. Só engoli. "Porque tu é da família!"

Pois é, doutor. Naquele domingão, que o Timão *tava perdeno* o jogo, fui eu que perdi o chão. O Tobias era filho do meu pai. O Dedé *tamém*. Por isso, que ele *ficô* com aquela cara na hora que o Tobias ia me *matá*. Eu sei lá quantos mais não são meus irmãos lá no morro. Deve *tê* uns *pá* deles. No final das contas, esse foi o meu passaporte pra fora do bando. O Tobias me garantiu que não ia *fazê* nada contra mim, desde que eu ficasse calado. Senão, os *hômi* me pega pra *podê chega* nele. Tá ligado?

Lá fui eu pra vida honesta de novo... Quer dizer, doutor... De novo, não! Pela primeira vez. Se eu *tava* aliviado? De verdade, eu *tava* era com medo! Sempre vivi no morro, do morro e pelo morro. No bando, do bando e pelo bando. Essa vida normal não era pra mim. Mas pela Dalila eu era capaz de *fazê* qualquer coisa! E foi isso o que aconteceu mesmo...

Todo mundo fala que alegria de pobre dura pouco... O dinheiro que eu levava do bando *tava acabano*. Só tinha o salário do posto de gasolina. E eu já *tava veno* que não ia *dá* pra *sustentá* a casa e as *coisa* que *nóis* gostava. A Dalila queria *fazê* umas coisas pra *vendê*. Mas *num* era isso o que eu queria. Minha *muié* tinha que *sê* tratada como uma princesa. Aí passaram *uns mêis*, a coisa *tava* bem apertada. Minha mãe *ajudô* a gente um tempo. Eu *tava* tentando um aumento no *trampo* ou outro emprego. Mas nada... Eu *num* tinha experiência em nada, doutor.

Só que, fica ligado, o posto que eu *trampava* não era tão certinho, não, doutor. Ele já tinha sido lacrado duas *veiz* por cambalacho do dono. O cara foi preso e tudo. Então, olha o esquema: o Maurício, que é o dono, rolava uma grana na mão do fiscal pra *deixá passá*. A gasolina tinha tanta mistura que nem o Seu Maurício abastecia lá. Uma *veiz*, eu vi uma Brasília *véia saí engasgano* por causa da gasolina ruim. Sem *falá* que *nóis* tinha que *assiná* com nome falso as *nota fiscal* do caminhão de combustível. Pra *piorá*, as *bomba* não funcionava direito. Então, *nóis* colocava a gasolina meio que *nos* óio. Tá ligado? No instinto. Nunca batia com a grana que *nóis* cobrava.

Numa *veiz*, eu entrei na sala do Seu Maurício, mas ele *num tava* lá. Tinha uns *bolo* de dinheiro na mesa dele. Um monte de *nota*. *Tudo amarrada* com elástico. Ah, pensei: "se eu pegar uma notinha dessas...". *Num* deu *otra*. Peguei uma oncinha e *pá*, no bolso. Fiquei ligado. Uma semana depois, ninguém tinha falado nada. Ele nem tinha percebido. Fui lá e peguei de novo. Ah, doutor... Quando eu vi que ninguém dava conta... toda semana eu pegava uns cinquentinha. *Fechô* o *mêis*, o pagamento veio normal, então... Já era... eu já tinha tirado uns duzentos *conto*. Com o tempo, fui saber que era grana pra *pagá* o fiscal, a polícia, o advogado, o combustível, e até o Tobias *tava* nessa conta. Eu não sei, doutor. Nunca perguntei pro Tobias.

O Seu Maurício que se dane! Eu ia *pegá* o dinheiro sempre que ele desse mole. Um tempo depois, eu já *tava embolsano* cem conto por semana. Tinha semana que eu pegava até mais. Aí as *coisa* lá em casa ia se *equilibrano* melhor. O duro é que eu acho que ele começou a desconfiar. Numa sexta-feira, fui pegar minha grana e a porta *tava* fechada. Que raiva! Eu já *tava* acostumado a ter uma grana a mais. *Tava contano* com isso. Se não ia *sê* assim, seria de ôtro jeito. Como as *bomba media* tudo errado, comecei a *catá* uns dez, vinte *conto* de cada *freguêis*. Aí, já era... no final do *méis,* eu pegava mais que o meu salário. Como se diz... "de grão em grão...".

Só que *moiô*... O Baiano, que *tamém* era frentista, *começô* a *fazê* a *mema* coisa. Ele tinha se ligado nos *meu movimento*. Mas o cara é *trôcha*! *Começô* a *pegá* demais. *Num* deu *otra*.

Seu Maurício *chamô nóis* pra uma reunião e chutou o balde. O Baiano *ficô* com medo de perder o emprego e me *entregô*, na frente de todo mundo! Aí o doutor acha que *adiantô* eu *falá* que que o Baiano *tamém* fazia? Claro que não! O Seu Maurício só não *chamô* a polícia porque senão eu abria a minha boca. Saí de lá com uma mão na frente e *otra* atrás. O que que eu ia *dizê* pra Dalila? A verdade? Tá *loco*, doutor? No meu mundo não é assim, não.

Todo dia, eu saía de casa *fingino* que ia pro trabalho. A Dalila *tava* tranquila, na dela. Eu tinha *robado* um uniforme lá do posto. Então, ela nem desconfiava. Subi na *goma* do Tobias, ele me arrumou uns *corre pra fazê* na cidade. *Tinha* uns *playboy* no centro que *queria* umas *coisa* que só o Tobias podia *arrumá*. Já é! Assim não ia *tê* perigo de eu *cruzá ca* Dalila no morro, e ela descobrir tudo.

Aquele pessoal de terno e gravata, sobretudo e luva, não tem noção do que rola no morro. Aquelas *dona* tudo chique, *andano* na rua *cos* cachorrinho no colo, não sabe o duro que a gente tem que *dá* na vida pra *tê* o que *comê*. Todo dia, eu ia *pro* centro, *fazê* o papel de Correio *pro* Tobias. *Tava* começando a *ficá* estranho, todo dia um frentista *entrano* nos *prédio*. Aí eu comecei a por umas *beca* melhorzinha. *Viveno* todo dia no meio dos *playboy*, conheci uns *cara* com a visão diferente. Os *maluco ostentava* joia, carrão, mansão, apartamento na cobertura, festa... Muita grana. Mais que o Tobias.

Os cara era filho de magnata, deputado, vereador, delegado... todo dia, eu levava droga pra eles. Eles *pagava* e *dava* gorjeta, vinho caro, roupa... *Pá*... contei tudo pro Tobias as *coisa* que *tava veno* lá. Ele me colocou em contato com um parceiro dele, que mexia com carro roubado. O cara queria o nome dos maluco *playboy*, endereço, como eles eram, quais carros eles tinham... tudo... *Pá*, falei tudo, doutor. Achei que ia voltar ao normal. Mas não foi assim.

Uns dias depois, esse *parça* do Tobias me *chamô* pra conversar. *Perguntô* se eu não queria fazer parte da ação. Como eu sabia dos *cara* tudo, ele achava melhor eu *tá* lá. Me ofereceu uma grana alta. Topei na hora. Corri em casa, peguei meu "três-oitão" prateado, meti uma jaqueta e saí. A Dalila não *tava* em casa. Saí rapidão.

A *fita* era a seguinte: *nóis* ia *catá* o cara na rua, no carro dele. Aí *nóis* entrava no apartamento com ele de refém, pegava *tudo as coisa* e caía fora. Se ele chamasse a polícia, *nóis* ia *dedá* os *esquema* dele *tamém,* e ele ia preso. Ninguém se machuca. O plano era infalível, doutor.

Fomo em duas *moto*. O Julião *pilotano*, eu na garupa e outros dois caras na *otra* moto. Aí, doutor, você já sabe. O *playboy* me reconheceu, saiu do carro todo irritado, me *xingano*, me *ameaçano*, *dizeno* que eu não podia *fazê* isso que ia *azedá* pro meu lado, que ele tinha amigo delegado e tudo mais. Quando ele veio pra cima pra *tirá* a arma de mim... dois *tiro*...

Daqui seis *ano,* eu tento a condicional. Até lá tenho que *ficá* de boa. Sem me meter em rolo. 157. O senhor sabe, né... Peguei 27 *ano*. Minha vida acabou! A Dalila me abandonou, doutor. Não *qué sabê* de bandido. Minha mãe vem sempre que liberam a visita. Ela fica *dizeno* que "Deus tem um plano.".

Como é que pode? Recomeçar? Que jeito? E o senhor acha que Deus quer isso, doutor? Do jeito que eu *tô* ferrado, só se eu *morrê* e *nascê* de novo... *Tá me tirano*, doutor? Óia *as ideia*... Eu tenho muito pecado pra *sê* perdoado... Não é fácil eu me redimir, não... Claro, doutor! Eu *tô* arrependido, sim! O cara tinha duas *criança*... Eu já pensei em pedir perdão. Mas não tenho coragem de encarar a mulher do maluco que eu matei... Pra Deus, eu peço todo dia! Todo dia! Pedir pro *playboy*? Pra ele me perdoar? Ele tá morto, doutor. Não tem jeito... tem?

Bell Karim
ESTANDARTE

- Como você está bonita! – disse o rapaz, olhando para sua mãe com admiração.

– Deixe disso, menino "abestado"– retrucou a mulher, alinhando o vestido com as duas mãos e dando a última olhada em um espelho manchado, que compunha o singelo quarto. -Como já lhe disse, não existe mulher feia nessa vida!

- Eu sei e não quis dizer isso, você sabe. Mas é que nunca a vejo assim, elegante.

- Estou sempre muito descuidada, não é mesmo? Aparento ter 50, 60 anos...

- Não diga bobagens. Você trabalha demais – e, segurando as duas mãos da mãe, beijou com carinho os calos aparentes nas duas palmas. – *Mãinha*, tenho muito orgulho de você.

- Hoje é o dia de sua formatura, e eu é que estou muito orgulhosa de você e tenho a certeza de que vóinha, onde quer que se encontre, também está muito orgulhosa, mandando-lhe um grande abraço.

Os dois se olharam com carinho e respeito mútuo, ambos sabendo que haviam sido forjados a ferro e fogo, porém, hoje, tornaram-se fortes. Mas algo ainda incomodava, uma sombra do passado ameaçava aquela união, e foi quando o rapaz olhou novamente para os olhos daquela mulher e perguntou:

- *Mãinha*, conte-me tudo... Quem é meu pai?

- Meu menino, sente-se aqui – disse a mulher enquanto apontava para a beirada da cama e, em seguida, sentando-se no lado oposto, e continuou: - Você se tornou um homem, um cabra de caráter, sabido, honesto acima de tudo, e não é nenhum bocó, fácil de enganar. Eu, mais que ninguém, desejo contar-lhe toda a verdade, sem fantasias, apenas o que vivi na vida. Já é hora, sei que está pronto, e, assim, você "assossega" seu coração e vai entender que não escondi nada de você...

- Pois, então, pronto, conte-me tudo, *mãinha*.

- Eu era apenas uma menina moça de canela fina, que gostava de ler e estava cursando o último ano do ginásio, quando conheci o frangote de seu pai, na missa de São João. Ele não tirava os olhos de mim, e, logo depois da missa, nos encontramos na quermesse, ele me comprou cocada, cuscuz, pamonha... Rimos muito, passeamos e soltamos fogos... Duas crianças se divertindo. Foi a melhor festa junina que eu já tinha ido. Depois, fomos embora e cruzamos toda a plantação de algodão, e ele me deixou bem perto de casa. Era noite escura, sem lua, e *painho* me esperava na porta, e, assim que gritou meu nome, saí correndo sem me despedir.

Naquela noite, apanhei de vara de marmelo, minhas pernas ficaram marcadas, ardiam e queimavam, *painho* me proibiu de andar de noite e, principalmente, acompanhada por um cabra.

Só voltei a encontrar com seu pai no final do ano, nas férias escolares. Naquele tempo, todas as crianças costumavam brincar de tomar banho de rio, íamos escondidas, pois era um rio imenso e passava pelas terras de uma pequena tecelagem que existia no local, e foi bem ali que vi seu pai novamente. Assim que nos vimos, lembramos um do outro, da festa junina e aproveitamos o dia; brincamos muito no rio e, no final, combinamos de nos encontrar no próximo domingo, após a missa da tarde... Mas que horas são? Será que não vamos perder a carona da formatura?

- Nossa! É tarde, e precisamos ir. Promete que continua a minha história?

- A nossa história, meu menino, meu doutorzinho. Termino assim que voltarmos. Já deixei cuscuz pronto no forno para comemorarmos e, quando chegarmos, é só passar um café. Agora vamos, senão perderemos a carona.

- *Mãinha*, já lhe disse que não sou doutor!

- Pra mim, você é, e pronto!

Pegaram a carona para o evento na cidade, e Euzira sentou-se no banco de trás e, logo que o carro se movimentou, olhou pela janela e viu seu reflexo no vidro: tinha os cabelos grisalhos, meio amarelados, o rosto riscado pelas rugas, a pele queimada pelo sol. Ninguém diria que aquela mulher tinha 37 anos. O tempo castigara aquele corpo, mas não conseguira apagar o brilho daquele olhar.

A cerimônia de formatura tinha corrido bem, e Euzira não cabia em si de tanta alegria e felicidade, pois, agora, tinha a certeza de que tudo valera a pena, não apenas pela formatura do filho, mas por quem o filho se tornara: um homem honrado, fruto de sua esperança em um mundo melhor. Na turma de formandos, havia algumas mulheres. Olhava para elas e imaginava que, se tivesse seguido os estudos, teria se formado aproximadamente com aquela idade, com o frescor da juventude, o entusiasmo e a alegria exalando pelos poros da pele, a beleza típica da idade. O mundo à espera delas! Quantos sonhos! Talvez nem quando tiverem 100 anos, terão passado por tudo que ela viveu. A vida foi a sua Faculdade, esse foi o seu aprendizado, que a transformara em uma mulher forte e determinada.

Ao final, o rapaz fez questão de apresentar sua *mãinha*, como dizia, para todos os amigos de turma e professores; ele também estava cheio de orgulho por ela estar ali.

A carona da volta foi com muita alegria e lembranças que marcaram o percurso de toda a sua vida de estudante.

Assim que chegaram a casa, a primeira coisa que ela fez foi trocar de roupa, pois estava incomodada; ele apenas tirou os sapatos e foi fazer um café, esperando continuar a conversa daquela tarde. Quando ela voltou, de chinelos e com uma roupa simples e confortável, encontrou o café pronto, um copo, uma xícara e o cuscuz sobre a mesa tosca,e o rapaz que, sentado em uma das cadeiras,perguntou-lhe:

- Um café para continuar a nossa história?

- Sim, um café forte e arretado de bom.

- Arretado de bom *tá* esse cuscuz – disse pegando um bocado com as mãos e colocando direto na boca.

- Fiz com muito carinho, pois é o dia de sua formatura.

- Você sempre foi uma ótima cozinheira.

Nesse mesmo instante, o rapaz notou que a mãe trazia na mão uma folha de papel dobrada, que, cuidadosamente, colocou ao lado da garrafa de café.

- E, então, o que aconteceu depois dos banhos no rio, dos encontros após a missa de domingo?

- Eu fiquei grávida. Pude perceber ainda naqueles meses de férias, na semana em que seu pai estava retornando para a cidade grande e ia prestar vestibular. Ele era três anos mais velho que eu. Eu estava assustada, mas feliz, e, quando contei a ele, percebi que também ficou assustado e me disse que não poderia deixar de viver o seu sonho por causa de uma gravidez. Em minha ingenuidade, tentei dizer que isso não era problema, que poderíamos ir juntos, mas foi nesse momento que o conheci de verdade, pois ele apenas me disse que contaria ao pai dele, o dono da tecelagem, e, certamente, seu pai daria um jeito. Fiquei meio sem entender, mas achei que as coisas iriam se resolver.

No dia seguinte, logo após a novena de Nossa Senhora, que todo começo de ano fazíamos em casa, o pai de seu pai apareceu em minha casa e, diante de todos, com a casa cheia de parentes e vizinhos, foi logo dizendo, em voz alta e direta para *painho*, e para todos os presentes, que era preciso ser mais macho e colocar cabresto nas cabritas que andam soltas, pois uma delas estava prenha de seu filho, que acabara de partir para a cidade grande. "O pobre é inocente, mas macho! Sabe como é, né?" Dizia ele com voz rouca e cheia de satisfação, "o cabra não se aguenta aos esfrega de uma boa cabritinha" – dizia isso, vindo em minha direção –"já tua menina é assanhada demais para a idade dela". Me recordo das pessoas falando e apontando para mim. Meu pai não me perguntou nada, apenas tirou a cinta e, ali, na frente de todos, lavou sua honra, aplicando-me uma surra que me deixou desacordada.

Ao despertar, notei o clarão do dia, e ainda estava no chão da sala quando vi as botas de *painho* e uma trouxa de roupa ao lado delas. Ele estava lá, de pé, não me disse nada, foi *mãinha* quem falou: "Você desgraçou nossa família, escolheu ser mulher da vida, agora tome seu rumo". Quando ouvi isso, pulei aos pés de *painho*, fiquei de joelhos, pedi perdão, por Nossa Senhora e por tudo que é sagrado, "por favor, me deixem ficar! *Mãinha*, olhe pra mim, eu preciso da senhora, não sei o que fazer". *Painho* permaneceu calado e jogou a trouxa no terreiro na frente da casa, e *mãinha* continuou: "Deveria ter pensado nisso antes, agora vai". Nunca mais os vi, mas sempre me lembro de seus olhares. Ali, aprendi a diferença entre amor e desejo, entre amar e achar bonito. Mas eu achava que amava e resolvi procurar por seu pai. Peguei minha trouxa e fui até a tecelagem. Chegando lá, encontrei o pai de seu pai saindo de uma caminhonete, e, quando me viu, fez sinal para eu entrar.

Nesse momento, a mulher colocou café até a metade do copo, assoprou para esfriar e osorveu de uma só vez. O rapaz percebeu que ela precisava de um tempo e, então, pegou um pedaço de cuscuz e serviu mais café para os dois.

- Eu entrei correndo, achando que tudo não passava de um mal-entendido, mas aquele homem era traiçoeiro. Ele me convidou para entrar na tecelagem, fomos até seu escritório, e ali ele falou para eu deixar minha trouxa de roupa e pediu para que eu o acompanhasse, pois ele me levaria até seu filho. Passei por vários corredores, o barulho era ensurdecedor, as máquinas funcionando, o calor da caldeira, subimos escadas, descemos escadas, até chegarmos defronte a uma porta, onde ele disse: "Aí dentro está meu filho, venha". Entrei. Estava escuro, só havia a luz que vinha da porta, e, quando me virei para perguntar, vi a porta se fechando, a escuridão tomando conta de tudo, o barulho da chave trancando a porta, e seus passos indo embora. Tive medo, muito medo. Corri para a porta, bati, chutei, gritei e nada. Exausta, desabei a chorar, caindo no chão frio de terra. Não sei por quanto tempo fiquei naquele quartinho, se foram horas ou dias, apenas sei que senti fome, sede, tive de fazer xixi num canto, já havia me acostumado com a escuridão. Vez ou outra, gritava e batia na porta na esperança de alguém abrir, até que ela foi aberta... Só que não era ajuda, era o pai de seu pai que tinha voltado com uma garrafa d'água. Eu implorei, de joelhos, pedi muito para que ele me soltasse, que eu não contaria nada a ninguém, que só queria ir embora, e ele simplesmente fechou a porta, ficando, dessa vez, do lado de dentro. Aquele foi o momento mais triste de minha vida, ali a menina sonhadora da festa de São João morreu e nasceu uma mulher com muitas cicatrizes. Quando ele me deixou, eu estava fraca, suja, machucada e muito humilhada.

- *Mãinha*, perdoe-me, não devia ter lhe perguntado, fazendo-a lembrar-se do passado – o rapaz segurava a mão da mãe, beijando-a com carinho. – Não diga mais nada, desculpe-me.

- Meu menino, essa é a hora de nos encontrarmos com o passado. Nossa história não pode ser escondida, mas superada...

- Quer que faça um chá de cidreira, *mãinha*?

- Não. Estou bem. Só preciso respirar fundo.

- Acho que eu quero um chá – disse o rapaz, levantando-se.

- Fique aqui. Mais tarde, faremos juntos. Preciso terminar.

- Como quiser – e voltou a sentar-se.

- Comecei a achar que o escuro era o melhor lugar para se viver, e não desejava mais que a porta se abrisse, só queria ficar ali para sempre, percebi que não tinha mais volta, que jamais seria a filha de *painho* e *mãinha*, que comer caju no pé não seria mais tão gostoso, nem andar descalça, nem olhar para as estrelas... eu não existia mais, eu estava sumindo... chorei, chorei muito, toda a dor de minha alma, até adormecer e, em meu sonho, lembro-me perfeitamente, fico até emocionada, via o estandarte com a figura de São João segurando o cordeiro, todo colorido, cheio de fitas de muitas cores, tremulando em um céu azul. Abri os olhos e percebi a escuridão, estava sem forças, apenas rezei para São João me ajudar e senti como se mãos alisassem meus cabelos... Foi quando vi um raio de luz, meus olhos ardiam, tentei fixar o olhar e só então percebi que a porta não estava trancada, que a luz que vinha era de uma pequena fresta causada pela abertura. Fiquei em pé e, bem devagar, abri a porta, quase não conseguia andar, peguei a garrafa e bebi toda a água, de uma só vez. E, pensando em São João, pedi forças e comecei a andar por entre os corredores, subindo e descendo escadas. Era noite, tinha poucos funcionários, e, quando percebi, estava do lado de fora. Fui até a barranca do rio, entrei em um pequeno barco e deixei que ele me levasse rio abaixo, aproveitando a água para lavar o meu rosto e meus braços. Tinha mesmo vontade de me jogar no rio, me lavar, mas sabia que o barulho chamaria a atenção, então, apenas deitei no chão do barco, a correnteza me levou e adormeci. Acordei com o sol no meu rosto e o barco encalhado.

Uma mulher, que parecia descendente de índio,

perguntou-me se precisava de alguma coisa. Disse que tinha fome e estava perdida. Ela me tirou do barco, colocou-me sentada em uma pedra próxima e voltou até o barco, empurrando-o novamente para a correnteza. E ergueu os braços para o alto, falando algumas palavras que não compreendi. Em seguida, ela me pegou e me levou para sua casa, um lugar muito simples, de terra batida, rodeado por diversas plantas. Colocou-me deitada na rede, fez um caldo quente e me serviu. Dormi. Dormi muito. Quando acordei, só vi o rosto de Mayara me olhando e dizendo: "Achei que tivesse morrido, sei que minha comida não é muito boa, e estava preocupada!"

- Vóinha? Era ela?

- Sim, era ela.

- Então, ela não era sua mãe?

- Eu nunca disse que era.

- Mas você a chamava de Ma.

- Sim, Ma de Mayara, e não de *mãinha*. Mayara é nome indígena e significa bisavó, ela mesma me disse, e era assim que eu a via, como uma grande mãe.

- Mas e meu pai? Você nunca mais o viu?

- Antes de falar dele, preciso lhe dizer sobre o dia seguinte, quando acordei na rede. A conversa que tive com

Mayara é muito importante você saber. Assim que me viu despertar, Mayara trouxe mais uma tigela de caldo e me perguntou: "Você quer ter ou não esse filho?" Fiquei assustada, e ela, percebendo meu olhar, continuou: "Sei que está grávida, sua barriga começa a aparecer, está desidratada, fraca, foi machucada no corpo e na alma, por isso vou perguntar novamente, quer ter esse filho? Estou aqui para ajudá-la, seja qual for a sua decisão, afinal, essa decisão é sempre da mulher. Os homens tentam se intrometer, falar o que devemos ou não fazer, mas eles mesmos, hum... fogem como bichos assustados e ainda tentam fazer com que nos sintamos culpadas por tudo. Bicho homem! Então, já decidiu? A responsabilidade será sua, qualquer que seja sua resposta!"

- Fiquei sem ação. Como ela poderia saber isso tudo? Será que ela estava na novena? Era amiga de *mãinha*? E, como se ela lesse meus pensamentos, respondeu-me: "Não conheço você, estou aqui porque ele me pediu para ajudá-la - e apontou para uma pintura de São João Batista, pendurada na parede, segurando o cordeiro, parecido com o do meu sonho –, e eu costumo fazer tudo que ele pede. Então, como vai ser?"

- Ali, com apenas 14 anos, tive a primeira noção sobre respeito... Aquela mulher áspera, direta, queria me ouvir, saber a minha opinião, e deixava claro que a responsabilidade era minha, que eu teria de arcar com os resultados, e que a vida se resume em escolhas e consequências, mas ela estava ali, disposta a me ajudar e a me respeitar, seja qual fosse a minha decisão.Nem preciso lhe dizer que fiz a escolha certa - disse isso apertando a mão do filho –, graças às ervas e aos cuidados de Ma, você veio ao mundo, forte e cheio de saúde. Ela foi sua parteira.

- O resto da nossa história você já sabe. Ma cuidava de você, e eu trabalhava, plantando e cuidando de nosso ouro branco, a bendita macaxeira, que nos tirava da miséria, que fazíamos farinha para comer e vender. Ma continuava com suas plantinhas sagradas, curando e salvando nós e a vizinhança das doenças. Foi aí que meu menino pegou gosto pelas plantas e se tornou doutor agrônomo, e agora vai poder ajudar mais ainda todo mundo aqui do assentamento.

- *Mãinha*, você nunca pensou em denunciar todo esse abuso? Ir à polícia, aos jornais?

- Meu menino... Minha esperança em um mundo melhor eu dividi com você e com Ma, minha verdadeira família, e não trago nenhum rancor em meu coração. Graças à atitude de meus pais, conheci Ma, e ela me ensinou tudo o que eu precisava para viver em paz e com respeito, ensinou-me o amor verdadeiro, a ter fé, mas a não ser ingênua. Aprendi que as mesmas pessoas que discursam em favor da vida também são as mesmas pessoas que chamam as mulheres de vagabundas... Infelizmente. Não peço para que você se envolva, nem tão pouco que procure por justiça, apenas contei nossa história, hoje, porque tenho a certeza de que você é um homem maduro e, além do mais, a decisão de denunciar ou não é minha, somente minha! Eu faço as minhas escolhas.

A mulher colocou a mão sobre o papel dobrado, próximo da garrafa de café, e empurrou sobre a mesa, até próximo das mãos do filho, e disse:

- Aqui, neste papel, escrevi o nome completo de seu pai. É você quem vai decidir se quer saber ou não quem é essa pessoa, a escolha é sua, e tenha a certeza de que irei respeitar sua decisão.

O rapaz ficou em silêncio por alguns segundos, olhando para o papel. Não quis tocá-lo. Em seguida, levantou-se e disse:

- *Mãinha*, vamos fazer aquele chá?

188

Neto Aurum

EU QUERIA MUITO ACREDITAR

Foi tão difícil deixar o cemitério naquela tarde chuvosa. Foi tão difícil ver o caixão ser colocado dentro da cova. Foi tão difícil ver minhas irmãs chorando, desconsoladas, buscando em mim um abraço, uma solução, e eu não tinha nada a fazer, nem a falar.

Foi tão constrangedor ver tanta gente tentando nos dizer algo bom, uma palavra de esperança, uma mensagem de paz, naquele dia tão triste. Eu não queria que ninguém me dissesse nada! Eu não queria ouvir dos outros que meu pai foi um bom homem. Eu sabia! Ninguém teria nada melhor a me dizer sobre ele do que eu! Ele era meu pai! Ele é...

Perdoe-me! Não era ingratidão... era só tristeza. Doía muito! Um vazio na alma que não havia palavra alguma que poderia preencher. Eu tentava não olhar para ele, num bonito terno, que eu mesmo dei de presente, rodeado de flores, com os olhos fechados e as mãos unidas, mas não era mais ele ali. A minha angústia era não poder abraçá-lo mais uma vez, não poder brincar com ele de novo, não poder ver seus olhos escuros me olharem com orgulho, ou decepção, ou qualquer coisa... Eu queria meu pai comigo, mesmo que ele estivesse bravo comigo. Eu o queria, mesmo que nos nossos piores dias. Eu queria vê-lo, mesmo que ele não estivesse satisfeito com algo que eu fiz.

Eu queria ouvir suas broncas mais uma vez. Todas elas. Eu queria tocar seu rosto, com a barba por fazer, e rir dele quando o seu time perdia os jogos. Eu queria ver sua preocupação com as minhas irmãs. Eu queria que ele me tratasse como se tivesse oito anos de novo e me colocasse de castigo. Não importa! Eu só queria que isso não tivesse acontecido.

Abracei as minhas irmãs, Nina e Bená, enquanto balbuciávamos as últimas palavras para o seu corpo frio e imóvel, enquanto o víamos desaparecer para sempre dos nossos olhos. Uma amiga conduziu as minhas irmãs para fora do cemitério e as levaria para sua casa por uns dias. Elas são muito jovens. Não precisam lidar com o que eu tenho de fazer.

Cada passo que eu dava em direção à saída era como uma lâmina que afundava centímetro a centímetro no meu coração. Eu estava deixando para trás o homem que me ensinou a ser um homem, mostrou-me como ser forte, mostrou-me, quando perdemos nossa mãe, como agir quando ele fosse embora. O homem que, no leito do hospital, ordenou-me que cuidasse das minhas irmãs, e me instruiu a ser feliz. Na sua última hora de vida, ele segurou a minha mão e dormiu. Talvez tenha tentado resistir o quanto pôde para que eu saísse do quarto por alguns minutos, para não partir na minha frente.

Ignorei todas as tentativas de consolo enquanto saía do cemitério. Cheguei a olhar para um amigo, que passara a noite toda comigo velando, e pedir que me deixasse quieto um pouco. Eu tinha que ir para casa. Tinha que separar as coisas do meu pai. Era a minha responsabilidade cuidar de tudo e tentar devolver para as minhas irmãs um mínimo de normalidade.

Entrei no quarto dele e comecei a separar suas roupas. A grande maioria, em bom estado. Papai se vestia bem. Separei para mim uma de suas jaquetas... Uma verde... Horrível, mas eu ficaria com ela mesmo assim. Coloquei suas roupas em malas, e um amigo passaria no dia seguinte para buscá-la.

Meu celular tocava toda hora. Eu só via e ignorava. Eu não queria “vida social”. Abandonei o quarto um pouco. Queria respirar. Sufoquei as lágrimas que insistiam em tentar aparecer. Fui até a garagem, sabia que encontraria coisas que ele amava naquele lugar. Um *Chevy Impala*, 1975, preto. Sorrio. As minhas lembranças dele com esse carro são muitas e marcantes. Uma vez, ele brigou muito comigo porque peguei o carro escondido para levar uma namorada para passear. Não me deixou de castigo, eu já era adulto, mas ficou meio irritado comigo por uma semana. Parado na frente do Impala, tive até a impressão de que ele sairia do carro carregando sua bolsa, como fazia sempre.

Ao lado do carro, sua moto, *Harley Davidson Fat Boy*. Preta também. Ele sempre gostou da cor... Talvez se sentisse mais magro. Eu sorri novamente. Essa ele já me deixava pilotar sempre. Era nova e não um clássico como o *Chevy*. Decidi dar uma volta. Mas, como sempre, fui um pouco rebelde, fui com o carro.

Saí da garagem, tomando lugar no meio da rua vazia. Uma tarde chuvosa num sábado, onde moramos, é como estar num deserto. Acelerei o carro em ponto morto só para ouvir o rugido do motor. Era isso o que o meu velho mais amava. Fiz novamente, e novamente... Eu acho que estava tentando ouvi-lo de algum modo.

Não sabia lidar com transcendências. Sempre fui ateu. Ou melhor, toda a nossa família sempre ignorou a ideia de *deus*, e isso não mudaria agora. Mas confesso que pôr na minha cabeça que meu pai não existia mais estava sendo muito mais difícil do que eu pensava.

Acabei rodando pela cidade até anoitecer. Devagar, como meu pai gostava, passeei por cada canto da cidade. Peguei-me, num pensamento bastante infantil, fingindo ser ele. Eu sempre quis ser como ele. A chuva já tinha ido embora, mas deixara um frio chato. Eu estava sem blusa e com o vidro do carro aberto. Talvez, a dor e a angústia tivessem me anestesiado um pouco, e eu só quisesse pensar assim, fingindo. Era uma possibilidade.

Voltei para casa observando as luzes da cidade, fazia isso quando criança. Ao entrar na garagem, considerei ver o que tinha no porta-luvas do carro. Eu já estava um tanto mais calmo. Vez ou outra, um calafrio. Mas as lágrimas já tinham cessado. Sempre fui metódico. Então, já tinha feito uma lista de coisas a fazer naquela noite para ter o dia seguinte livre, para ver minhas irmãs ou para fazer qualquer outra coisa. Àquela altura, eu preferia fazer qualquer outra coisa mesmo. Abri o porta-luvas e encontrei, lá dentro, o que é comum: documento do carro, um e outro ticket de cartão de débito, canetas, fone de ouvido, um par de luvas e uma foto. Fotografia antiga. Nossa foto de família. Permaneci por alguns minutos olhando fixamente para a nossa imagem. Cada um deles recebeu a mesma dedicação dos meus olhos. Como quem registrava para sempre na memória e tentava, com todas as forças, voltar àquele momento em que posamos juntos uma última vez.

Devolvi a fotografia ao seu lugar. Era onde ele queria que estivesse. Que ficasse ali. Entrei em casa fechando as janelas que havia deixado abertas. A sala estava fria. Ignorei mais uma vez todas as fotografias nas paredes, a poltrona no canto da sala, a porta do seu escritório, e subi para o quarto para terminar o que tinha começado mais cedo. Eu achei que estava pronto a lidar com tudo aquilo. Tinha passado as últimas horas tentando dizer para mim mesmo que seria difícil, mas que tudo voltaria ao normal. E que eu conseguiria cuidar de tudo sozinho.

Liguei o som e aumentei o volume quase ao máximo, mesmo sem saber o que ele estava curtindo antes de... Sorri quando as guitarras soaram estridentes. *ACDC*! Bora! Sonzão!

Abri as gavetas da sua escrivaninha para ver o que tinha. Alguns papéis bancários importantes. Eu teria de lidar com aquilo na próxima semana. Guardei numa pasta com todos os documentos, cartões e o seu atestado de óbito. A última gaveta estava trancada à chave. Irritei-me. Para que isso agora? Levei um tempão procurando a chave em seu guarda-roupa, na bolsa, até encontrá-la num zíper externo de sua carteira. Abri a gaveta. Confesso que a irritação com a chave produziu em mim uma curiosidade sobre o que o meu pai mantinha trancado. Não era dinheiro, nem documentos... Ao ver, um por um, larguei tudo no chão do quarto e saí apressado. Precisava tomar um banho, ver um filme, comer alguma coisa... Só tinha que sair dali. Eram nossos desenhos da escola para os dias dos pais. Ano após ano. Ele tinha guardado todos, desde os nossos primeiros rabiscos nos cartões prontos. Os mais antigos estavam amarelados pelo tempo. Em todos eles, a mesma frase: *Eu te amo, papai!*

Deixando a água quente cair em abundância sobre a minha cabeça, deixei a confusão voltar, o desespero deu a sua face, a tristeza me assaltou com violência, e eu já não sabia o quanto de toda água que fluía dentro daquele *box* eram minhas lágrimas.

Não dormi a noite. Conversei brevemente com Bená no meio da madrugada. Nina tinha chorado até ser vencida pelo cansaço. Fiquei ouvindo os áudios que meu pai tinha me enviado pelo *WhatsApp* e, por mais que eu soubesse que não funcionaria, eu tentava responder, alimentando a ilusão de que ele estava falando comigo novamente. Reli todas as suas mensagens. Arrependi-me de te apagado nossas conversas anteriores. Queria poder ler todas elas. Queria que ele me mandasse aqueles *GIF's* bregas de "Bom dia" novamente. Vi o Sol nascer da janela da sala, segurando uma xícara de café nas mãos. Eu amo café. Ele também amava.

Eu estava cansado. Precisava espairecer. Faltava-me o ar. A angústia que eu sentia gritava para mim que não iria embora jamais. A frieza das minhas mãos anunciavam o meu estado de espírito.

Alguns amigos chegaram e me levaram para almoçar fora. Eu não resisti. Iria para onde me levassem. Ninguém tocou no assunto. Gabriela, vez ou outra, abraçou-me de lado ou segurou uma das minhas mãos. Foi o jeito de me mostrarem o quanto gostavam de mim e que me respeitavam. Eu não quero falar muito. O que eu diria? "Oi pessoal, não dormi a noite toda porque meu pai morreu e eu nunca mais irei vê-lo!" Eu precisava fingir um pouco que isso não estava acontecendo.

Passamos a tarde fora, comendo, batendo papo, rindo... Consegui me soltar um pouco, mas o cansaço não me abandonou. Fomos jogar *Poker* na casa da Gabi, e, no terceiro ou quarto *range,* eu só me lembro de ter me encostado no ombro dela. Acordei horas depois. Eu estava bem melhor. Na verdade, eu estava me sentindo bem. Todos já tinham partido e ainda não tinha amanhecido. Eu levei um tempo até perceber que estava deitado no colo da Gabi. Ela permaneceu cuidando de mim por todo aquele tempo. Suas mãos estavam em meus cabelos, acarinhando. Levantei-me meio sem jeito e desculpando-me. Ela não disse nada. Só me abraçou longamente. Seus braços me envolveram, e senti meu coração aquecido de novo. Seus lábios me beijaram, e eu percebi que tinha que continuar vivendo. Era como se meu pai me dissesse mais uma vez: "Seja feliz!".

Tantos anos já se passaram desde aquele dia. A Gabi foi a força que eu precisava para cumprir com tudo. Ajudou-

-me a cuidar das minhas irmãs, dos negócios do meu pai e, não sei como, continua alimentando-me com esperanças... Não sei por quê... Nem para quê...

Por mais que ame meu pai, e que tenha sido abençoado com o amor da Gabriela, e possa ver os nossos filhos crescendo, não consigo acreditar em *deus*, ou na alma, ou no paraíso, ou na vida após a morte.

Mas as minhas certezas já não são tão certas assim... A minha falta de fé na fé já não é tão forte... Eu queria muito que tudo fosse verdade. Eu queria muito acreditar.

Wesley
Cerqueira
EUTIMIA

- Querido irmão, acho que está havendo algum engano, pois sou espírita!

- Eu sei, e o que tem isso?

- Nobre benfeitor, você só pode ser espírita, não é?

- Que diferença isso faz?

– Toda diferença, humilde amigo. Somos preparados para este momento, temos maior conhecimento, acreditamos na reencarnação, na lei de causa e efeito, praticamos caridade, fazemos a divulgação da doutrina...

- Compreendo...

- Você não é espírita?

- Já lhe disse: que diferença isso faz?

- Nobre benfeitor, se não é espírita, receio estar em local errado, algum engano obviamente, lembro-me perfeitamente de como cheguei aqui, vim pelas nuvens, um momento de pura lucidez, nem passei pelo umbral.

- Só posso lhe garantir que não sou nenhum benfeitor e, principalmente, que aqui não há engano.

- Se fosse espírita, certamente me entenderia, veria que sou um dirigente, que fiz muito pela doutrina.

- Sinto desapontá-lo pela incompreensão.

- Não se preocupe, isso é porque falhamos na divulgação de nossa amada doutrina.

- Acredita mesmo que um mundo espírita seria diferente?

- Totalmente.

- E como seria isso?

- Já estaríamos em um mundo de regeneração. O mundo precisa conhecer o Espiritismo, senão...

- Senão...?

- Senão haverá separação do joio e do trigo, de forma abrupta, cortando o mal pela raiz, permanecendo somente os bons, os trabalhadores da última hora!

- Os espíritas?!

- Sim. Por isso, ser espírita é uma tarefa, uma missão espiritual!

- Mas, até onde conheço, o Espiritismo tem aproximadamente 13 milhões de adeptos no mundo. Como fazer para converter os outros 6.987.000.000 bilhões?!

- Muitos vão morrer nessa transição!

- Nossa! E quantos ficariam?

- Não sei.

- Uma estimativa? Metade?

- Talvez.

- Então, cerca de 3.493.500.000 morreriam, e a outra metade se tornaria espírita?

- Isso! Mas não se preocupe, meu caro, nossa pátria, o amado Brasil, está protegida, e nossos queridos que lá se encontram seguirão firme nessa tarefa.

- E o restante do mundo?

- O que é que tem?

- O que vai acontecer?

- Quando não se torna espírita pelo amor, é pela dor, e sofrerão com as catástrofes, até que se encontrem com a doutrina.

- E como fazer com que o mundo, ou melhor, o restante dele, torne-se espírita?

- Livros, TV, Rádio, Palestras, Internet!

- Propaganda?

- Não. Divulgação! Emmanuel... você sabe de quem estou falando, não é?

- Imagino que sim!

- Então, como lhe falava, Emmanuel disse que a maior caridade que podemos fazer pela Doutrina Espírita é a sua divulgação!

- Emmanuel disse isso?

- Disse.

- A maior caridade?

- Sim.

- Em que livro?

- Não me lembro.

- Sei.

- O momento é de urgência, e o mundo espera por nós!

- Antes de pedir para que retorne ao seu quarto, gostaria de lembrá-lo da referida frase do benfeitor Emmanuel: *"(...) Lembra-te deles, os quase loucos de sofrimento, e trabalha para que a Doutrina Espírita lhes estenda socorro oportuno. Para isso, estudemos Allan Kardec, ao clarão da mensagem de Jesus Cristo, e, seja no exemplo ou na atitude, na ação ou na palavra, recordemos que o Espiritismo nos solicita uma espécie permanente de caridade – a caridade da sua própria divulgação".* Esta frase está na mensagem *Socorro Oportuno*. Agora você se lembra?

- Não. Às vezes, as pessoas deturpam um pouco os ensinamentos.

- Não seria bom se questionar? Será que Emmanuel qualificaria tipos de caridade, como sendo maior ou menor?

- É. Nunca tinha pensado por esse ângulo. A propósito, qual a sua religião mesmo?

- Já lhe disse.

- Disse? Não me recordo?

- Que diferença isso faz?

- Estou começando a ficar desconfiado de que você apenas deseja me confundir, fazer com que eu deixe de ser espírita.

- Pode ter a certeza de que não é isso. Estou tentando explicar que o mundo é muito extenso e composto por grande diversidade cultural, queria muito que você entendesse.

- Caro amigo, se assim posso lhe chamar, você realmente não conhece a força do Espiritismo...

- Acredito que não.

- Fazemos a caridade, eu mesmo já servi tantos pratos de sopa aos pobres, que até perdi a conta! Você sabia disso?

- Já ouvi você dizer por algumas vezes.

- Perdão, nós nos conhecemos?

- Sim.

- Você me parece familiar, mas eu não me lembro.

- Vai se lembrar com o tempo, assim espero.

- E então, como ficamos?

- Acho melhor você voltar para seus aposentos e esperar.

- Esperar?

- Sim, esperar. Lembra-se de Abigail?... Livro *Paulo e Estevão*: Ama, trabalha, perdoa e espera!

- Compreendi. Essa deve ser a última etapa. Já amei, já trabalhei barbaridade, já perdoei cada um "daqueles" que me fizeram mal e, agora, só me resta esperar. Vou aguardar então.

- Você gostaria de saber mais alguma coisa?

- O Chico é mesmo a reencarnação de Kardec? Agora vocês podem falar, prometo que não darei nenhuma comunicação mediúnica a esse respeito.

- Eu lhe falei da mensagem do Emmanuel, depois de Abigail, e você me faz essa pergunta?

- A curiosidade sobre a vida alheia ainda é um vício entre nós, mas acredito que é positivo e benéfico para o aprendizado. Acredite, não conto a mais ninguém!

- Desde quando saber da vida dos outros é benéfico? Não posso lhe dizer se Chico é Kardec ou se Kardec é Chico, além do mais, isso pouco me importa.

- Pelo visto, só acessarei esta informação quando me for revelado todo o meu passado. Sei que vivi junto a ele e que fui responsável por queimar os livros e atrasar o desenvolvimento da humanidade. Hoje, espero ter resgatado esse meu delito.

- Tudo bem, já que falou dos livros, vamos tentar novamente. A TV, os livros, as palestras...

- Claro, a divulgação, que você chamou de propaganda. É preciso levar a palavra a todos os quatro cantos do mundo, continuar com as palestras, os canais, os livros, jornais... Você já ouviu alguma palestra minha?

- Já.

- Já? Você me acompanhava?

- Sim. Lembra?

- Claro que é isso! Você devia ser um de meus seguidores, neste mundo de *likes* e curtidas. Eu tinha uma verdadeira legião de seguidores. Legião do bem, é claro, nada a ver com aquela desobsessão em que o Cristo expulsou os Espíritos maléficos do corpo do rapaz. Eu também já participei de muitos trabalhos de desobsessão!

- Eu também sei.

- Sabe? No começo, quando o vi com esses trajes, julguei que fosse um crente indo ao culto, mas, pelo visto, pode ser meu protetor, é isso?

- Praticamente.

- Logo notei. Nós, com estas roupas translúcidas, e você, com essa altivez, cabelo grisalho, só poderia pertencer a outros planos. Diga-me: o que você foi em outra encarnação? A julgar pelo queixo quadrado, certamente um centurião da época do Cristo. Um amigo de Emmanuel?

- Sou amigo de Emmanuel, não posso negar.

- Eu sabia. As 7.332 cestas básicas que entreguei, os milhares de livros que distribui, foram com sua ajuda, não é?

- Praticamente.

- Vou lhe confessar: sempre achei que meu protetor seria um Espírito do mais alto galardão. Acertei. Amigo de Emmanuel, quem diria!

- É melhor nos despedirmos...

- Claro, claro, mas, antes de ir, poderia me dizer se aquele ali de bigode e barba branca, jaleco alvo, conversando com aquela senhora perturbada, não seria Bezerra de Menezes?

- Não. Não é Bezerra de Menezes.

- Eu também desconfiei!

- De quê?

- Que não poderia ser Bezerra de Menezes, afinal, já recebi muitas comunicações mediúnicas de Bezerra de Menezes, e ele, certamente, já teria se lembrado de mim, afinal, foi uma grande parceria. Também foram meus parceiros, Cairbar, Eurípedes, João Evangelista, e outros. Todos deram comunicação por meu intermédio.

- Agora é melhor voltar para seu quarto e esperar. Lembra: Emmanuel, Abigail...

- Claro, o último teste: esperar.

- Não, senhor Alberto, não é nada disso. Emmanuel é seu filho, Dona Abigail é sua esposa, lembra? Das outras vezes, era só falar estes nomes que o senhor logo se lembrava de sua família, mas, agora, não sei como fazer!

- Emmanuel meu filho? Abigail minha esposa? Não me diga que sou Paulo?

- Não, o senhor é Alberto Gonzaga Pascoal Filho! Seu falecido pai, o senhor Gonzaga, deixou-lhe alguns alqueires de terra. O que ninguém contava é que, debaixo daquelas terras, que durante anos só produziram café, teria uma das maiores jazidas de minério do Brasil. O senhor é um milionário!

- Eu?

- Sim. Seu filho Emmanuel entrou com uma interdição judicial alegando insanidade, depois daquele fatídico dia, e agora briga na justiça pelo controle da fortuna.

- Fatídico dia?

- Sim, o senhor subiu as escadas da mansão e, da sacada de seu quarto, começou a jogar todas as roupas, joias de sua esposa, dinheiro guardado no cofre, ações, papéis importantes, tudo pela janela, até que, quando ficou nu, disse que era Francisco de Assis.

- Estou muito confuso, amigo benfeitor, sou Paulo ou Francisco de Assis?

- Já lhe disse que não sou seu benfeitor. Senhor Alberto, por favor, preciso que veja a vida presente, o dia de hoje, o que está acontecendo à sua volta, pare de achar que tudo é obra dos Espíritos e suas junções do passado. Este terno e esta gravata foram comprados com salário que recebo do senhor, por serviços de advocacia. Sou seu advogado e sempre lhe acompanhei, desde meus primeiros anos de Faculdade, aliás, custeada pelo senhor.

- Meu jovem, eu vim pelas nuvens, como lhe disse... Uma figura angelical, toda de branco, segurava minhas mãos.

- Senhor Alberto, perdoe-me a franqueza, todos estamos tentando lhe poupar, mas o momento é crítico. O senhor veio de helicóptero, sua filha caçula, Beatriz, que é médica, foi ela quem conseguiu sua internação nesta clínica psiquiátrica de luxo. Não são roupas translúcidas que estão usando, são camisolas de uma unidade psiquiátrica. A propósito, aquela mulher perturbada que conversa com o suposto Bezerra de Menezes é D. Abigail, suplicando a seu médico, Dr. Davi, algum tipo de orientação sobre como devemos proceder para ajudá-lo.

- Será?

- Ela o ama muito e sempre o apoiou em suas atitudes, mas, de uns tempos para cá, não podia abrir a boca que já era acusada pelo senhor de estar obsediada, perturbada, que tinha que tomar passes.

- Abigail?!

- A mensagem com o título *Socorro Oportuno* foi me dada por suas próprias mãos, quando me recusei a aceitar uma causa por saber que meu futuro cliente não tinha nenhuma condição financeira. O senhor me chamou a atenção para os fundamentos do Espiritismo, o cristianismo redivivo! Não aquele só de palavras, de palestras, ou das câmeras de TV, mas aquele que se compadece com a miséria do mundo, que tem compaixão e não uma receita de vida, impondo goela abaixo ensinamentos sem reflexão, desrespeitando a crença alheia, preocupado em expandir "a verdade". Que verdade é essa?

- Eu... Eu...

- O senhor me ensinou que isso era pura pretensão e presunção, o egoísmo e o orgulho disfarçados. Era o senhor quem me dizia que isso era propaganda, que o verdadeiro Espiritismo está na alma do homem, só precisa deixar germinar no coração, está em nosso exemplo, em tentar dominar os vícios e as paixões, em ajudar o próximo, sem humilhação, pois quem ostenta o que faz humilha quem recebe, lembra-se dessa frase?

- Não.

- Era o que sempre dizia, ou então: "Fazer o bem pelo bem, sem barganhas com a vida", recorda?

- Veja bem...

- Senhor Alberto, seu filho Emmanuel só pensa em dinheiro, é um materialista convicto, e, por isso, o senhor dizia que ele era causa perdida. Beatriz, a caçula, menina de seus olhos, seguiu lado oposto, altruísta graças a seus exemplos, escolheu Medicina por querer ajudar, e, só por ela ter esse jeito, o senhor achou que ela não precisava de nada, mas ela vive em completa solidão, pois se tornou insegura em seus relacionamentos. E seus funcionários, aqueles que dão o suor para sua riqueza? A maioria construiu suas casas clandestinamente em torno da mineradora, hoje conhecida como Vila da

Servidão, por tamanha miséria nas ruas, alcoolismo, violência doméstica, baixa escolaridade, todos funcionários seu, rogando por sua lucidez e bom senso.

- Parece um filme...

- Penso, senhor Alberto, que não é necessário ter a mesma atitude de Francisco de Assis, ele já fez isso no passado para chamar nossa atenção, para não vivermos em função da matéria, e sim do Espírito. Nós só precisamos tentar praticar os seus ensinamentos, a simplicidade em viver o dia de hoje, enfrentando as dificuldades do mundo atual! Não precisamos de pessoas que curam, precisamos aprender a não ficar doentes! Precisamos aprender a ser um instrumento da paz de Jesus, e não a ser o próprio Jesus, somos humanos. Precisamos de pessoas como o senhor, quando começou no Espiritismo, mais preocupadas em ajudar do que em doutrinar.

- Eu não...

- Senhor Alberto, sei que atravessa uma fase difícil, um delírio religioso, uma confusão, mas busque a razão. Se Jesus é o governador do planeta, devemos confiar Nele. Somos apenas ajudante, do ajudante, do ajudante, do ajudante do auxiliar de Jesus. Ele não pediu para que fossemos mártires, mas para nos amarmos, primeiro a nós mesmos, depois ao próximo, como nossa família, amigos, funcionários e, só depois, o mundo...

- Mas as mensagens...

- Em suas palestras, sempre ouvi dizer, cheguei até a decorar, que Kardec preferia refutar mil verdades do que aceitar uma mentira, que o codificador analisava tudo, consultava vários médiuns, e que ele não saiu acreditando em tudo o que ouvia, além do mais, por que se prender a esse desejo de querer ouvir uma mensagem quando a mensagem maior já foi dita? O que mais precisamos, ou melhor, queremos ouvir? Será que já não temos tudo o que é preciso?

- Estou confuso.

- Eu sei e sinto muito não ter lhe dito tudo isso antes e, hoje, também me sinto responsável por vê-lo nestas condições. Pense no que conversamos e se esforce. Amanhã, eu e D. Abigail retornaremos para visitá-lo. Agora, descanse um pouco.

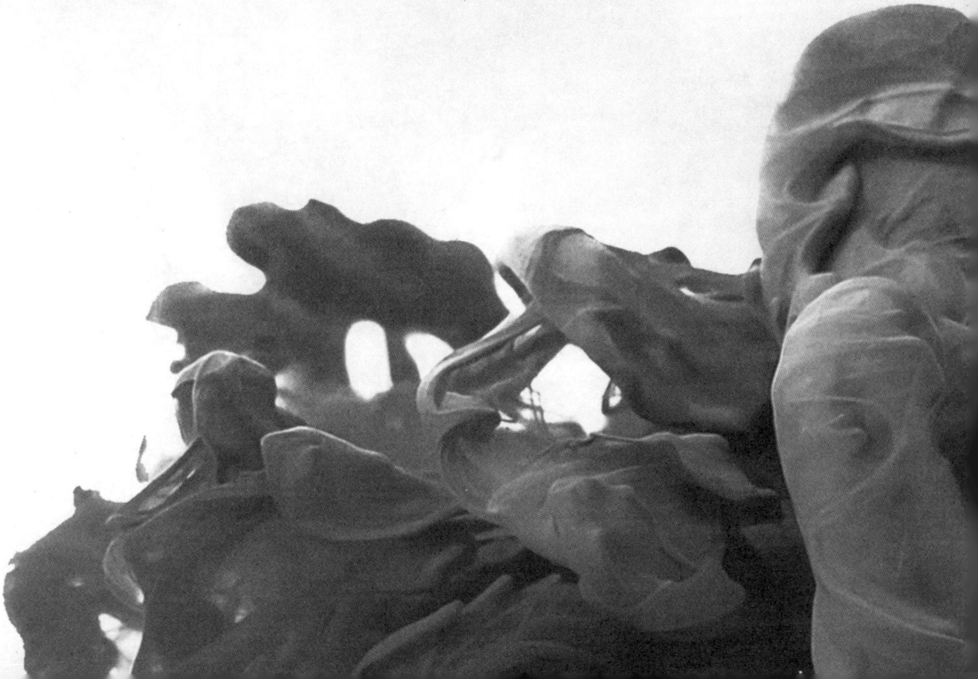

Piper Summers
AMERICAN
DREAM

Era só mais um dia como os outros. Eu sairia da minha casa, tomaria um café no *Starbucks* da *Park Avenue*, e seguiria para o escritório. O meu dia estava muito bem planejado. Havia tantos compromissos decisivos que eu não poderia perder tempo.

Levantei bem. Bem mesmo! Eu geralmente encaro os meus desafios de frente, com coragem. Meu pai me ensinou assim. Sem mudar o foco, preparei-me, peguei minha bolsa, minhas coisas, uma pasta, e saí. Cronograma feito, tudo na cabeça e no meu *iPhone*.

"Um passo após o outro"... uma canção que meu pai cantava para mim todas as noites, antes de dormir. Quando fui para Ithaca, estudar na *Cornell University*, ele me abraçou longamente e beijou meu rosto molhado pelas

lágrimas da saudade, que surgiria assim que eu entrasse no táxi. Olhou-me nos olhos e cantou, pela última vez, a nossa música, que me embalava desde pequena.

Ele morreu quando eu estava no último ano dos meus estudos. Não foi à minha formatura, não me deu o anel, não dançou comigo no baile... Mas está comigo o tempo todo, eu sei disso! Por isso, a sua voz me acompanha todas as manhãs na "*Big Apple*".

Peguei meu café e, enquanto caminhava, conversava com minhas secretárias pelo celular: confirmando compromissos, adiantando as reuniões e autorizando a compra de "*gifts*" para alguns parceiros a quem eu tinha que agradar.

Já no escritório, eu fui impecável! Um dia produtivo ao extremo. Todas as bases de dados, planejamentos, apresentações, revisões de contrato, sessões de foto dos produtos... Tudo correu absolutamente como eu havia planejado. Sabe aquela sensação de que o mundo está aos seus pés? De que você pode tudo? Meu pai ficaria... não... está orgulhoso de mim!

Entretanto, no final da tarde, as sombras dos prédios já se projetavam cobrindo a avenida, e, pelas janelas da minha sala, *New York* já me oferecia os tons alaranjados na *skyline* de Manhattan; Lucile ainda estava comigo, e eu tive a impressão de que, ao cair da noite, só nós duas ainda estávamos por lá, quando um mensageiro chegou com uma pequena caixa vermelha e a entregou. Nesse momento, eu estava revendo as últimas peças produzidas pela equipe de criação. Eu queria aprovar o material ainda naquela noite para enviar aos clientes e me aproveitar dos excelentes resultados anteriores para fechar mais um contrato lucrativo. Mas, por um breve momento, eu me peguei observando Lucile enquanto recebia sua entrega. Um bilhete branco, simples, preso à caixa, a fez sorrir. Mesmo à distância, percebi a paixão tomar conta das suas emoções e ruborizar seu rosto. Minutos depois, ela foi embora, e eu, bem... eu fiquei sozinha.

Não é novidade. Eu sempre estou sozinha.

Apesar de estar rodeada de pessoas o dia todo, ao final da noite eu volto para casa sozinha. Todos os dias são, para mim, desafiadores gigantes que eu tenho que derrubar. Por isso, levanto-me como uma guerreira armada, faminta, estrategista... nada foge ao meu controle, e eu sempre venço! Sempre! Mas, quando o final da tarde chega, as minhas vitórias perdem o brilho. No outono, as luzes se acendem mais cedo porque a escuridão chega mais rápido. Os tons alaranjados e rosados do céu nova-iorquino duram muito pouco. Os ventos do Atlântico trazem tudo mais rápido. E, quando fixo o meu olhar para além dos arranha-céus, eu só vejo a escuridão. E, com ela, um último gigante que eu jamais consegui vencer.

Peguei o caminho para casa, como faço todos os dias, e tentei me distrair ouvindo música enquanto caminhava. Tomei a *Park Avenue*, atravessei a *Madison* pela *16th* e cheguei onde moro na *5th Ave*, perto do *Museum of the City of New York*. Eu não sei direito, mas acho que devo ter levado pouco mais de 10 minutos andando devagar. Pareceu-me uma eternidade.

Cheguei em casa cansada, chateada, desanimada. Depois de tomar um banho quente, apeguei-me à minha imagem no espelho embaçado. Tão diferente de quando acordei. Sentia-me tão bem pela manhã... Mas já não era a mesma pessoa. Todos os dias, a mesma coisa. Eu sempre retorno para um apartamento vazio, sem sequer um cachorro. Eu sou ocupada demais para ter apego a animais. Sem amigos. Um mundo de gente me admira, mas não sei se me ama... Talvez, amar seja muito. Eu não sei se gostam de mim. Sempre percebo um pessoal saindo para um *happyhour* depois do trabalho. Ou para almoçar. Eu não tenho tempo para isso. Almoço com clientes, empresários, quando não sozinha, comendo qualquer coisa na mesa do escritório. Então, apesar de estar chateada, passei as mãos no espelho embaçado, olhei para mim mesma e disse: Qual é a novidade?

Decidi: não vou ficar em casa. Troquei de roupa novamente, tentando, desesperadamente, resgatar o ânimo das primeiras horas do dia e fui para a academia, que fica na cobertura do meu prédio. Lá estava eu, subindo andar por andar, dentro do elevador, planejando o que eu faria na minha noite solitária. A ideia era correr na esteira até não aguentar mais e, depois, suada mesmo, pegar um táxi para a *Lexington Ave* e buscar uma pizza.

Mas acabou que nada disso aconteceu. Quero dizer, em partes. Cheguei à academia e me encontrei com três rapazes, mais novos do que eu, que não tinha ideia de quem eram. Eu mal sei o nome das pessoas que moram no apartamento ao lado. Não vou a reuniões de condomínio, nem comemorações locais... Eu vivo para o meu trabalho. É lá que me realizo.

Não conhecia nenhum deles, mesmo assim acenei quando cheguei perto. Passei por eles e fui direto para a última esteira. Gosto do lugar onde ela fica, em frente a uma ampla janela que dá vista para o *Central Park*, a essa hora quase que completamente mergulhado no breu da noite, apenas com alguns pontos de luz no meio e rodeado por arranha-céus iluminados. Aí sim, corri feito uma doida. Como quem corre do medo, corre da solidão, corre dos traumas, corre de si mesma...

Mais cedo do que eu presumi, já estava exausta. Eu penso que tenha superestimado minha capacidade física. Sentei-me no beiral do vitral, olhando para o chão, apoiada em meus joelhos dormentes e sentindo o lado do corpo reclamar por causa do esforço. Sorri falsamente. Corri o máximo que pude, e os meus *"demônios"* ainda estavam ali. Nada me adiantou. Para não ter a sensação de que tudo fora em vão, levantei-me e, esforçando para não franzir o cenho – me deixa mais velha - e ignorando a dor, caminhei até um espelho e fiz algumas selfies. A melhorzinha delas foi para o *Instagram*, onde seria curtida por alguns milhares de pessoas que não passam de números para mim. Não significam nada. Observando meus *followers*, abundantemente mais numerosos que o meu *following*, confessei a mim mesma, na minha vaidade: *"ganhei o mundo"*... tenho tudo o que eu quero, tudo o que o dinheiro pode comprar. As viagens mais incríveis possíveis. Sou admirada, invejada, desejada, imitada... Mas o fato é que, apesar de ter realizado todos os meus planos, de ter satisfeito todos os meus desejos... *"eu perdi a alma"*...

Desabei por dentro. Fechei os olhos com força, suprimindo, com determinação sobre-humana, as lágrimas que me venciam e desciam sobre a minha pele suada. Usei uma toalha para esconder o meu rosto. Aliás, nesse momento, eu não tinha mais certeza se havia alguém mais na academia. Ignorando qualquer coisa, deixei vir à tona tudo. Meus soluços abafados com força pelas minhas mãos trêmulas não devem ter sido ouvidos por ninguém, eu espero. Mas ecoaram anos de toda a minha vida.

As dores da minha alma me assaltaram com tamanha violência que eu cheguei a perder o fôlego algumas vezes. O pudor foi embora quando me lancei ao chão na tentativa de me agarrar em algo firme, que não desmoronasse como eu estava, no meu quebrantamento.

A falta que sentia do meu pai, a saudade da mãe que eu nunca conheci, pois se entregou à morte no parto que me deu a vida; as minhas maiores inseguranças, meus fantasmas, traumas... Era como se tudo isso se manifestasse em corpos, tentando me atravessar ao mesmo tempo. Eu só queria que parasse... Eu só queria descansar... Eu só queria paz...

Recompus-me o suficiente para tentar sair dali. Agora, eu estava sozinha. Não sei se os rapazes saíram antes ou depois do meu showzinho. Também... sinceramente... não me importava. Eu precisava sair de "algum lugar". Precisava de ar. Precisava de espaço. Um nó insistia em se formar na minha garganta a cada momento. Desci correndo um lance de escadas, o elevador não era uma opção que eu estava disposta a considerar. No andar de baixo, dei de cara com as portas do restaurante abertas, luzes apagadas, com exceção do bar que ficava ao fundo do espaço, ao lado da saída para uma ampla varanda.

Exatamente o que eu precisava, silêncio, anonimato e um lugar aberto. Atravessei os primeiros metros do restaurante com a certeza de que seria abordada por alguém. Eu me lembro de ter estado ali apenas uma vez, na ocasião da compra do apartamento. Quando as sombras tomaram completamente o meu corpo, pus-me a acelerar os passos, até me perceber correndo em direção à porta da varanda. Alcancei-a com minhas mãos suadas e trêmulas, respirei fundo, preparada para sair para a noite fria de Manhattan, que quase dei com o rosto no vidro: a porta estava trancada.

Um desânimo enorme me tomou. Chacoalhei a porta com violência durante alguns segundos, e um rosnado raivoso saiu pelos meus dentes cerrados. Desisti da ideia maluca assim que consegui restaurar um tico da minha sanidade. "*Calma*" disse a mim mesma. Voltei na direção da única luz que eu tinha percebido. O bar estava fechado. A meia-luz amarela emprestava um aspecto luxuoso e requintado ao lugar. Sentei-me num dos assentos próximos ao balcão e pus-me a olhar em redor.

Dezenas de mesas redondas, escondidas sob cadeiras empilhadas, enchiam quase todo o amplo espaço. Fiquei imaginando que, mesmo suntuoso, deveria não ser usado há algum tempo. Estava tão perdida nos meus pensamentos que levei um tempo para perceber que estava esfregando minhas mãos sem parar. Olhei pra elas, abrindo e fechando, estranhando uma certa agonia, um prurido diferente entre meus dedos. Dei de ombros e ignorei. Talvez fosse resultado da corrida exagerada.

Alguns momentos mais ali, sentada, observando, tive os olhos fixados num espaço para além das muitas mesas e vi um objeto grande, iluminado por um feixe de luz que entrava pela janela. Permaneci inerte por alguns momentos, esforçando o foco dos meus olhos para compreender o que era aquilo. Sem pensar muito, deixei meu *iPhone* sobre o balcão, levantei-me e dei "*um passo após o outro*", passando por entre as mesas abarrotadas. Topei, duas vezes, com cadeiras pelo caminho escuro. Não me importei. Estava anestesiada. Talvez pelo choro, por ter colocado para fora sensações estressantes, não sei...

O cheiro de pó deu lugar ao frescor da brisa que entrava pela janela ao fundo. Um cheiro... um perfume doce alcançou as minhas narinas e me fez parar confusa. Meus olhos se fecharam espontaneamente, como se tivessem escolhido fazê-lo. Elevei meu rosto enquanto deixava-me tomar por aquele aroma estranhamente conhecido.

Abri meus olhos num suspiro profundo, ajustei meu olhar ao objeto à medida que me aproximava. O ambiente tinha ficado um tanto mais claro. Acho que era por causa da janela aberta. Aproximei-me devagar, puxei a banqueta, sentei-me. Pus minhas mãos sobre a tampa fechada e fiz com que se abrisse. Fiquei sem ação por alguns minutos. Com uma sensação de reconhecimento inédita, a angústia na minha mente tinha desaparecido, como num estado de torpor. Minha respiração se tornou calma e profunda. Minha mente se encheu de certezas a respeito de coisas que eu nunca soube. Fechei os olhos mais uma vez, mas não tinha ousadia para começar. Eu sabia que sabia, mas não sabia como... Não era possível!

Eu não tenho certeza de quanto tempo permaneci ali, parada, com as mãos em posição e em absoluto silêncio. Um calor tomou conta do meu corpo, um arrepio me subiu a espinha, e um toque amável nos meus ombros, ali, na solida escuridão, deixei as certezas fluírem pelos meus dedos.

Pela primeira vez nessa minha vida, tudo o que eu sentia, pensava e vivia traduziu-se em música ecoando num restaurante escuro e vazio, através das minhas mãos, que, sem que eu jamais saiba como, dedilhavam harmônica e melodiosamente as teclas de um piano.

A cada acorde, meu coração pulsava. Em cada arpejo, as certezas aumentavam, a alegria invadia meu coração jovem e cansado. A cada *diminuendo*, as esperanças mais antigas reencarnavam, e, a cada ato, a solidão dava lugar à certeza de que eu não estava sozinha. Jamais estive.

As mãos que tocavam meus ombros me envolveram num abraço invisível, caloroso, amoroso...

Despertei daquele estado em lágrimas de alívio, plena de alegria, com um sorriso entrecortado por longos suspiros. Parecia que, pela primeira vez na vida, eu estava respirando de verdade.

O toque havia desaparecido, assim como o perfume. O ambiente voltou a ser só um restaurante vazio.

Eu me levantei e, leve, saí dali.

Quando entrei no meu apartamento, parecia tão igualmente diferente que eu me peguei parada no meio da sala, observando cada objeto, cada móvel, cada cantinho, até me aproximar da lareira e tomar nas mãos uma foto antiga, que meu pai tinha me dado quando fiz doze anos. Eu achei que secaria de tantas lágrimas naquele dia. Joguei-me no sofá, com as pernas sobre o encosto do estofado, apreciando a única imagem que eu tinha da minha mãe: seus cabelos claros, seu vestido amarelo, grávida, tocando o velho piano da vovó.

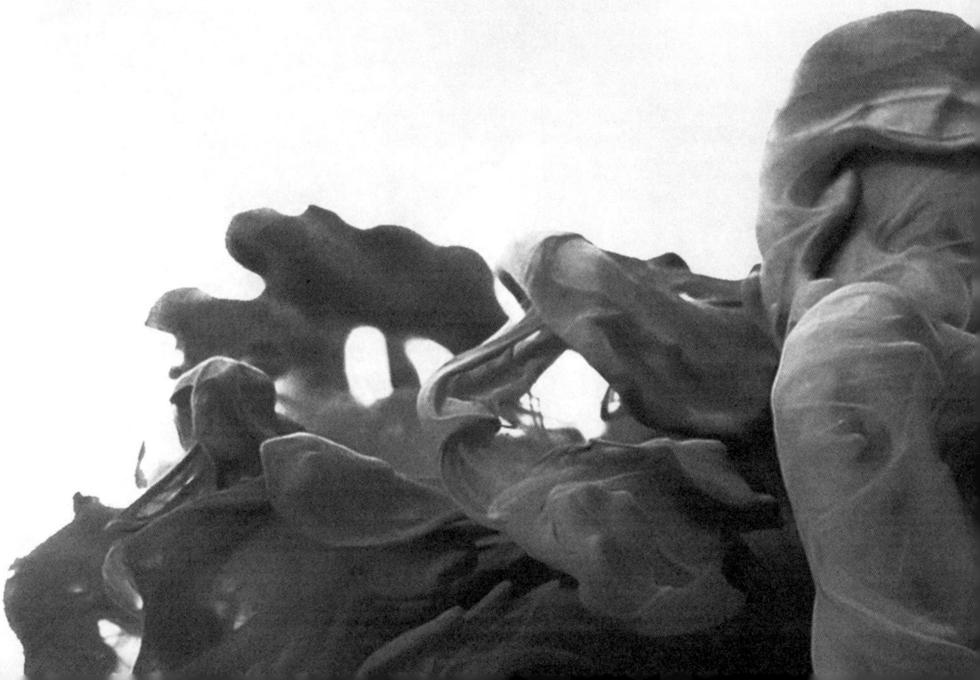

Ariel de Barros Batista

BOTÃO DE FLOR

Um cálido vento de verão balançava suavemente as cortinas de cor creme, a acariciar o rosto semioculto e cabelos castanhos duma jovem mulher, sentada à janela do seu quarto, contemplando as nuvens que passeavam sossegadamente pelo céu maravilhosamente azul-celeste naquele dia.

Apesar da intensa claridade lá fora, dentro do ambiente havia uma sombra que cobria um dos cantos deste. Os olhos negros bem delineados da jovem se desligaram do êxtase e miraram, por um instante, o que se escondia dentro da escuridão. Marejados ficaram eles, fechando e desviando-se para o chão do jardim bem cultivado.

Ao lufar duma brisa repentina, um feixe luminoso clareou uma estante empoeirada, sobre a qual um vaso acinzentado continha um maço de flores *onze-horas* murchas e secas, com suas folhas apodrecidas despencando, lentamente, à frente dum porta-retratos da época do casamento da mulher daquele quarto.

Amélia fora retratada com imensa alegria ao lado do esposo, Dorival, radiante, com uma postura vívida...

Agora estava abatida e com a mão direita sobre o peito, apoiando-se com a esquerda na janela.

Podia-se notar como seus olhos e seu sorriso melancólico deixavam transparecer uma tristeza inquebrantável...

Lágrimas escorriam pela sua face, umedecendo seus lábios retorcidos, amargamente.

Nada poderia lhe retirar a certeza de que teriam uma vida tumultuada, mas singela, simples e com filhos, sim! Preciosos tesouros que adocicariam as vicissitudes dentro do lar.

Mais uma flor murcha caía, juntamente com Amélia. Esta, ajoelhada no piso escuro, arfava, tentando segurar o choro que insistia em retornar toda vez que se lembrava da trágica noite de três anos atrás.

Ela passou a mão esquerda pelo cabelo e a direita pelo pescoço, exprimindo uma lamentação baixa e contínua. “Por quê?”, questionava-se, retornando o olhar avermelhado aos Céus, “Por que isso aconteceu?”.

A mulher sabia que a morte era inevitável à matéria; tudo o que nasce está fadado a morrer, seja naturalmente ou não. Mesmo estando num planeta de provas e expiações, repleto de Espíritos imperfeitos, ela achou – enganou-se a si mesma – que seu caminho seria de poucas provações; não sofreria tanto como algumas pessoas sofrem.

Porém, visto que era apenas mais um grão de areia, afundou-se no abismo de suas decepções, sentindo desgosto de viver.

Acariciando o beiral da janela, Amélia visualizou a distância entre seu quarto e o chão. A altura era pequena para ser fatal. Talvez, se usasse uma corda, seus problemas não mais existiriam.

Entretanto, o horror da agonia do suicídio a aturdia, mas, paralelamente, fascinava-lhe. Ainda ajoelhada, memórias ternas confrontavam-se com sentimentos de depressão e profunda tristeza. Se tivesse que fazer aquilo, tinha de ser agora!

A mulher já se abaixava, sujando sua palma da mão direita ao procurar uma corda que devia estar por ali, todavia...

Pequenas batidas na porta entreaberta sobressaltaram-na, fazendo com que prestasse atenção a uma figura diminuta no portal.

Os olhos castanhos e inocentes não permitiam ao

pequenino compreender a loucura que aquela mulher cometeria. Apenas enxergavam um ser abençoado que o protegeria de qualquer maldade.

Vestia uma camisa verde e calção jeans, com sandálias pretas a protegerem os frágeis pés, além dos bracinhos estarem escondendo algo em suas costas. Seu cabelo castanho-claro, sob um chapéu de palha com fita branca, ondulou devido a mais uma brisa morna através da janela, arregalando os olhos de Amélia.

- Não íamos passear hoje, tia? – indagou a criança, com voz doce e baixa, revelando que trazia outro chapéu de palha, maior que o seu, com fita amarela.

Passado o choque, Amélia sorriu, segurou o choro que vinha e, enxugando as lágrimas secas, levantou-se, limpou as vestes com palmadas fortes e, penteando os cabelos com as mãos, caminhou lentamente até o sobrinho, acariciando-lhe o rosto.

- Claro que vamos! – exclamou entusiasta, pondo o chapéu sobre a cabeça e estendendo a mão esquerda ao pequeno.

- A tia estava chorando? – questionou Patrício, perceptivo.

- Estava, sim – confessou ela, sem conseguir mentir

-, mas já passou! Vamos logo, senão a Dona Lê vai estranhar nosso atraso!

- Ah, sim! – extasiou o menino, sorrindo. – Ah! Bênção, tia!

Amélia hesitou por um instante.

- Deus o abençoe, querido! – respondeu-lhe, contente, a mulher.

Conversa alegre e animada descia pela escada enquanto que, no meio do maço de flores murchas, um botão de coloração arroxeada começava a se abrir.

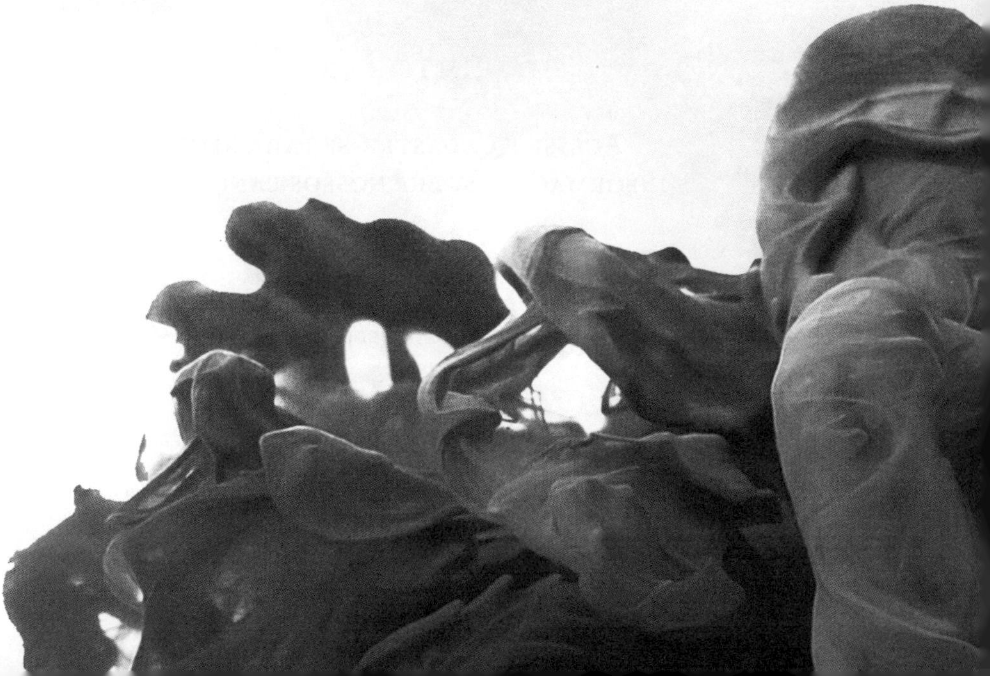

IDE Editora é apenas um nome fantasia utilizado pelo INSTITUTO DE DIFUSÃO ESPÍRITA, entidade sem fins lucrativos, que promove extenso programa de assistência social, e que detém os direitos autorais desta obra.